D1678625

लगता है बेकार गये हम

(खुली चिट्ठियाँ)

लगता है बेकार गये हम

राही मासूम रज़ा

संपादन एवं संकलन

कुँवरपाल सिंह

वाणी प्रकाशन

वाणी प्रकाशन

4695, 21-ए, दरियागंज, नयी दिल्ली 110 002

शाखा

अशोक राजपथ, पटना 800 004

फ़ोन: +91 11 23273167 फ़ैक्स: +91 11 23275710

www.vaniprakashan.in
vaniprakashan@gmail.com

LAGATA HAI BEKAR GAYE HUM
by Rahi Masoom Raza
Edited by Kunwar Pal Singh

ISBN : 81-7055-661-9

Letters

© श्रीमती नय्यर जहाँ

संस्करण 1999

आवृत्ति 2013

मूल्य : ₹ 175

इस पुस्तक के किसी भी अंश को किसी भी माध्यम में प्रयोग करने के लिए प्रकाशक से लिखित अनुमति लेना अनिवार्य है।

न्यू कृष्णा ऑफ़सेट, दिल्ली-110 093 में मुद्रित

वाणी प्रकाशन का लोगो मक़बूल फ़िदा हुसेन की कूची से

अनुक्रम

राजनीति पर तो मनोरंजन-कर लगना चाहिए !

आजकल भारतवर्ष में बड़ी चहल-पहल है।

राजीव गांधी सरकार को विरोधी दलों की क्षेत्रीय सरकारों ने लगभग हर तरफ से घेर लिया है। चौधरी चरणसिंह की मृत्यु के कारण लोकदल का भी लगभग स्वर्गवास हो चुका है। अब एक है लोकदल 'अ' और एक है लोकदल 'ब'। 'हम दो' तो हो गए 'हमारे दो' की कसर रह गयी है। भगवान ने चाहा तो जल्द ही इन लोकदलों के पाँव भारी होंगे। वी.पी. सिंह अपनी ईमानदारी और अब्दुल गनी अपनी बेईमानी की टोपी ओढ़कर इलाहाबाद और मालदह वापस चले गए। राष्ट्रपति जैलसिंह और प्रधानमंत्री राजीव गांधी में अंदर ही अंदर ठनी हुई है। फिर फेयरफैक्स और बोफोर्स का गड़बड़ घोटाला और तूल पकड़ गया है।...साहब भारतीय राजनीति पर तो मनोरंजन-कर लग जाना चाहिए।

जो पुरानी दिलचस्पियाँ हैं वह तो चल रही हैं। गुजरात के हिंदू-मुस्लिम दंगे। रामजन्म भूमि-बाबरी मस्जिद तमाशा। बिहार में हरिजनों का कत्ल और वर्ण-संघर्ष। पंजाब में हत्याओं का छः का बरकरार औसत ! और विरोधियों की एकता की असफल कोशिशें !

खुद अपना देश इतना मनोरंजक हो रहा है कि राष्ट्रपति रेगन-वेगन तो मुहावरे की भाषा में--गये तेल बेचने !

और इसीलिए यह समझ में नहीं आ रहा है कि एक मासिक पत्रिका के लिए किस बात का घूँघट उठाऊँ ?

तो आइए पहले राष्ट्रपति की बात करें !

प्रधानमंत्री नेहरू से लेकर प्रधानमंत्री राजीव गांधी तक, लाल बहादुर शास्त्री के सिवा, हर प्रधानमंत्री के सामने राष्ट्रपति समस्या बनकर आते रहे हैं। पर मेरी समझ में यह नहीं आता कि राजेंद्र प्रसाद और जवाहरलाल नेहरू, ये दोनों ही संविधान सभा के सदस्य थे। राजेंद्र प्रसाद तो अध्यक्ष थे। तो फिर इन दोनों में राष्ट्रपति के अधिकारों के बारे में मतभेद क्यों और कैसे हुआ ? इन दोनों के सामने तो संविधान की सारी धाराएँ बनी थीं। इन दोनों ने तो सारी बहसों में हिस्सा लिया था !

मैं वकील नहीं हूँ कि संविधान खोलकर बैठूँ और बाल की खाल निकालना शुरू करूँ। मैं एक साधारण नागरिक हूँ। समझना चाहता हूँ।

प्रश्न यह है कि यदि राष्ट्रपति कुछ कर ही नहीं सकता तो वह है क्यों और उसके ताम-झाम पर इतने पैसे क्यों खर्च किये जाते हैं ? यदि उसका काम केवल इतना ही है कि वह बहुसंख्यक दल के नेता को प्रधानमंत्रित्व की शपथ दिलवाए तो यह काम चुनाव कमीशन का अध्यक्ष या सुप्रीम कोर्ट का चीफ़ जस्टिस भी कर सकता है।

दाल में कुछ काला है

इसीलिए मैं यह नहीं मानता कि राष्ट्रपति का बस इतना ही काम है। राष्ट्रपति के हाथ में कोई न कोई टेढ़ी चीज़ अवश्य है। क्योंकि यदि ऐसा न होता तो श्रीमती इंदिरा गांधी वी.वी. गिरि और फख़रुद्दीन अली अहमद को राष्ट्रपति बनाने के लिए यूँ एड़ी-चोटी का जोर न लगातीं और प्रधानमंत्री मोरारजी भाई देसाई की पंचमेल मंडली जत्ती पर चढ़ न दौड़ी होती···तो साहब दाल में काला तो है।

मुझे यह लगता है कि जवाहरलाल नेहरू ही के दिनों में राष्ट्रपति और प्रधानमंत्री दोनों में कुछ समझौता हुआ, क्योंकि राजेंद्र प्रसाद को कांग्रेस ने फिर राष्ट्रपति बनने दिया। अपने मनपसंद राष्ट्रपति के लिए इंदिरा गांधी ने कांग्रेस का टूटना गवारा कर लिया। स्वयं ज्ञानी जैलसिंह इसीलिए राष्ट्रपति बनवाये गए थे कि वे इंदिरा गांधी के भरोसे के आदमी थे। बाद में राजीव गांधी से भी पहले-पहले तो काफी गाढ़ी छनी, फिर लगता है कि उस छन्ने में छेद हो गया, जिसमें इन दोनों का संबंध छाना जा रहा था। यदि उस छन्ने में छेद न हो गया होता तो शायद यह छीछालेदर न हुई होती। आप खुद देखिए, एक-एक करके लोग प्रधानमंत्री के हाथ से निकले जा रहे हैं। कमलापति त्रिपाठी गए। विश्वनाथ प्रताप सिंह गए। अब्दुल गनी चौधरी गए। आरिफ मुहम्मद खान गए। ए.के. सेन गए। अरुण नेहरू गए। गुंडू राव गए। दादा पाटिल गए। प्रणव मुखर्जी गए। अंतुले गए।···मैं ईमानदारी-बेईमानी की बात नहीं कर रहा हूँ। क्योंकि सरकारी राजनीति के हम्माम में नंगे तो सभी हैं।···प्रधानमंत्री के साथ हैं कौन ? सतीश शर्मा, अमिताभ बच्चन, टाइटलर, कल्पनाथ राय, नरसिम्हा राव, दिनेश सिंह, अर्जुन सिंह, बंसीलाल···वगैरह, वगैरह ! इन सतीश शर्मा, अरुण नेहरू, माधव राव सिंधिया, टाइटलर, कल्पनाथ राय, अमिताभ बच्चन पर तो राजनीति का आरोप ही नहीं लगाया जा सकता। दिनेश सिंह विदेश मंत्री रह चुके थे पर निकाल दिए गए थे। नरसिम्हा राव का होना न होना बराबर। अब बचे शिव शंकर और अर्जुन सिंह जैसे लोग ! इन लोगों के बारे में मैं बात करना नहीं चाहता। अब इस वातावरण में जबकि विरोधी दलीय सरकारों का घेरा दिल्ली में गर्दन पर तंग होता जा रहा है, सांप्रदायिकता के नाखून हमारे सामाजिक जीवन के गले में घुसे हुए हैं।

स्विस बैंकों की तरफ से बेईमानी के भभके आ रहे हैं···सफेद खादी के कुरतों पर बोफोर्स के धब्बे पड़े रहे हैं।···प्रधानमंत्री और राष्ट्रपति की तकनीकी अनबन तो और भी घातक है···इन बातों से हर नागरिक को चिंतित होना चाहिए···क्योंकि संविधान बनाने वालों ने राष्ट्रपति को सिर्फ अँगूठा लगाने की मशीन तो नहीं बनाया होगा।

ब्रिटिश ताज और हमारे राष्ट्रपति में फर्क है। ब्रिटिश राजा या रानी का चुनाव नहीं होता। राष्ट्रपति चुना जाता है और यह कहना गलत है कि वह चुने हुए प्रधानमंत्री से बड़ा कैसे हो सकता है ? प्रधानमंत्री संसद की केवल एक पार्टी का चुना हुआ नेता होता है। जबकि राष्ट्रपति के चुनाव में सरकारी और विरोधी दलों के सारे संसद सदस्यों के सिवा सारी विधान सभाओं के सारे सदस्य वोट देते हैं। इसीलिए हम यह नहीं कह सकते कि हमारा प्रधानमंत्री ही चुनाव के रास्ते से आता है, जबकि इस बात में कोई शक नहीं कि हमारा राष्ट्रपति चुना जाता है और उसके चुनाव में सारे देश के चुने हुए लोग हिस्सा लेते हैं...यानी बाकायदा राष्ट्रपति ही चुना जाता है; ज़बकि प्रधानमंत्री केवल संसद का एक चुनाव जीतकर प्रधानमंत्री बन जाता है।

तो साहब मुझे तो राष्ट्रपति ही ज्यादा महत्त्वपूर्ण लगता है क्योंकि सारे देश ने जिसे राष्ट्रपति चुना हो वह अमेठी से चुने जाने वाले संसद सदस्य से छोटा कैसे हो सकता है। इसलिए इस प्रश्न से आँखें चुराना राष्ट्र के स्वास्थ्य के लिए अच्छा नहीं है क्योंकि संसद में शासक दल के प्रचंड बहुमत की आशा हमेशा नहीं की जा सकती। आनेवाला कल हमेशा गुज़रते हुए आज से ज्यादा महत्त्वपूर्ण होता है, राजीव गांधी और जैलसिंह दोनों से ज्यादा महत्त्वपूर्ण !···

हमारी राजनीति का हाल वही है जो दूरदर्शन पर दिखाए जानेवाले धारावाहिकों का होता है कि लोग उन्हें मज़बूरन देखते हैं और जब आखिरी कड़ी आती है तो इतमिनान की साँस लेते हैं कि चलो भई इस धारावाहिक से तो ज़िंदा निकल आए।

सत्यजित रे, मृणाल सेन, श्याम बेनेगल ! अब दूसरी लाइन में आइए। विनोद पांडेय, मुजफ्फर अली—कमर्शियल फिल्मों के रमेश सिप्पी। और फिर भरतरंगाचारी का 'सुबह' ! इन तमाम धारावाहिकों में अँधेरे के सिवा कुछ नहीं···अँधेरा भी काहे का। पैसे और ईमानदारी की कमी का।

मिसेज गांधी ने कहा था कि भ्रष्टाचार जीने के तरीके में शामिल है। इसलिए मैं ऐसी बेईमानियों को बुरा नहीं मानता। यदि मानता होता तो कई ऐसी फिल्में न लिखता जो मैंने लिखीं। पर भाइयो, प्रताप सिंह कैरों जैसी बेईमानी करो न जिसने पंजाब को कहाँ-से-कहाँ पहुँचा दिया ! स्विस बैंकों में खाते अवश्य खोलो, पर भारत को भी तो समृद्ध बना दो।

एक आई.एफ.एस. ऑफिसर को चेक लड़की से शादी करने पर ज़रूर रोको पर पहले अपनी विदेशी बीवियों को उनके मायके तो भेज दो !!

इस देश की पहली बदनसीबी यह है कि वह अपने 'आज' के लिए जीता

है। देश के लिए या उसके भविष्य के लिए न वह मरने को तैयार है, न जीने को।

इस देश की दूसरी बदनसीबी यह है कि यहाँ लोकतंत्र में सामंतवाद घुसकर बैठ गया है। राजनीति में भी महत्त्व इसका है कि आप बेटे किसके हैं। महात्मा गांधी के सिवा हर परिवार ने 'पुत्रवाद' चलाया है, और इतना चलाया कि लगने लगा कि यहाँ लोकतंत्र नहीं पुत्रतंत्र चल रहा है।

भारतीय राजनीति में शायद यह काम आसान भी है। प्रेमचंद के पुत्र उनके पुत्र होने के बावजूद बड़े लेखकों में तो नहीं गिने जाते, इक़बाल का बेटा तो बड़ा शायर नहीं हुआ···हुसैन का बेटा इसलिए तो बड़ा पेंटर नहीं मान लिया जाएगा कि वह हुसैन का बेटा है। वह चाहे कला का क्षेत्र हो, चाहे विज्ञान का; किसी का पुत्र होने से काम नहीं चलता। अपने दिल का खून करना पड़ता है। परंतु भारत जैसे पिछड़े हुए देश में किसी बड़े आदमी का पुत्र होना बड़ी बात समझी जाती है। राजा का बेटा राजा, मंत्री का बेटा मंत्री, प्रधानमंत्री का बेटा प्रधानमंत्री···यदि ऐसा नहीं तो राजीव गांधी में ऐसी क्या खास बात थी कि उन्हें कांग्रेस पार्टी ने अपना नेता चुनकर प्रधानमंत्री बना दिया···लड़कियों को उनकी सूरत बहुत अच्छी लगती है लेकिन हमारे देश की प्राइम मिनिस्टरशिप कोई 'मिस्टर वर्ल्ड' का कंपटीशन तो है नहीं कि जो सबसे खूबसूरत हो उसे प्रधानमंत्री बना दिया जाए।

उनके बारे में दूसरी बात यह कही जाती है कि वह बड़े साफ-सुथरे आदमी हैं। परंतु आपकी सफाई-सुथराई किस काम की, अगर भ्रष्टाचार की कीचड़ में सने लोग आपके मित्र हैं !!

इन बातों को सोचकर दिल दुखता है।

धंधा धर्म या राजनीति का

आधुनिक भारत में यह तय करना मुश्किल है कि धर्म ज्यादा बड़ा व्यापार है या राजनीति ! लेकिन इन दोनों व्यापारों में चूँकि पैसा स्मगलिंग से भी ज्यादा है इसलिए जिसे देखिए वही धर्म या राजनीति के धंधे में जाने को बेकरार है।

हद तो यह है कि लोग भारतीय जनता पार्टी में भी जाने को तैयार हैं जबकि पता है कि भारतवर्ष में सब कुछ हो सकता है; पर मुंबई में शिवसेना और दिल्ली में भारतीय जनता पार्टी की सरकार नहीं बन सकती। ये लोग सिर्फ चुनाव हारने और शोर करने के लिए हैं। जैसे अटलबिहारी जी अक्सर प्रधानमंत्री से त्यागपत्र की माँग करते रहते हैं। अरे साहब संसद में जिसके साथ दो-तिहाई लोग हैं वह आपके कहने से त्यागपत्र क्यों दे दे ?

मैं राजीव गांधी के चाहनेवालों में नहीं हूँ। परंतु यह देख सकता हूँ कि आज दिल्ली सरकार के टूटने में देश के टूट जाने का भी डर है···क्योंकि कांग्रेस (आई) के पास भी कोई ऐसा आदमी नहीं है जिसे संसद के कांग्रेसी सदस्य सर्वसम्मति से

अपना नेता चुन लें। राजीव गांधी के हटते ही कांग्रेस में जूते चल जाएँगे और संविधान ने भारत में प्रेसिडेंट्स रूल की कोई धारा नहीं बनाई है।

भारत का इतिहास गवाह है कि जब भी केंद्रीय सरकार कमजोर पड़ी है, भारत के टुकड़े-टुकड़े हुए हैं। इसलिए आज भी स्थिति का तकाजा यह है कि राजीव गांधी सरकार बनी रहे। और इसके लिए जरूरी है कि उन लोगों को बेनकाब किया जाए जिन्होंने स्विस बैंकों में खाते खोल रखे हैं। उन लोगों को भी बेनकाब किया जाए जिन्होंने 'बोफोर्स' से दलाली खायी है और उन्हें भी जो राष्ट्रपति बनाम प्रधानमंत्री के सवाल पर मौके की तलाश में फिलहाल मौन साध गए।

ऐसा करने से केंद्रीय सरकार की जड़ मजबूत होगी। यह अलग बात है कि केंद्रीय सरकार खुद अपनी जड़ें खोदने में लगी हुई है। सांप्रदायिक पागलों के समझौते। क्षेत्रवाद और जातिवाद की आग को बढ़ावा। हरियाणा के चुनाव जीतने के लिए पंजाब की चुनी हुई सरकार को बर्खास्त करके पंजाब को सिद्धार्थ शंकर रे के हवाले कर दिया जाना। यह सिद्धार्थ शंकर रे वही हैं जो बंगाल के मुख्यमंत्री हुआ करते थे और जिनकी आस्तीनें बेगुनाह बंगाली नौजवानों के खून से अब तक भीगी होंगी !

राजनीति की नैतिकता

मैं आतंकवाद का विरोधी हूँ। चाहे यह आतंकवाद कहीं का हो और कोई भाषा बोलता हो। आतंकवाद की जड़ें राजनीति और समाज के आर्थिक ढाँचे की जमीन में होती हैं। इसीलिए उसे गोली मारकर खत्म नहीं किया जा सकता, आतंकवाद के खिलाफ होनेवाली लड़ाई राजनीति के कुरुक्षेत्र में होनी चाहिए। सुनील दत्त मेरे बड़े प्यारे दोस्त हैं। स्विस बैंक में उनका कोई खाता नहीं। साफ-सुथरे, ईमानदार आदमी हैं। परंतु मैं उनकी पदयात्रा के पक्ष में नहीं था। उनके जिंदा आने से खुश बहुत हूँ पर यह जानता हूँ कि 2500 किलोमीटर पैदल चलने से पंजाब की समस्या हल नहीं होगी। पंजाब में शांति तब आएगी जब राजनीति शांति का वातावरण बनने देगी। हम जो स्वयं श्रीलंका के तमिल आतंकवादियों की मदद कर रहे हैं, पाकिस्तान को किस मुँह से बुरा कहें। सीलोन के तमिल आतंकवादी हिंदुस्तानी नहीं हैं। सीलोन हैं। अपने देश की चुनी हुई सरकार के खिलाफ लड़ रहे हैं। अपने राष्ट्र से निकल जाने की माँग कर रहे हैं। श्रीलंका में एक तमिलिस्तान बनाना चाहते हैं और उसके नेता मद्रास में बैठे हैं। मद्रास के मुख्यमंत्री उनकी माली मदद कर रहे हैं। हमारी संसद में यह माँग उठाई जा रही है कि हमें श्रीलंका में हस्तक्षेप करना चाहिए तो हम अमरीका की बुराई क्यों करें जो चुनी हुई सरकारों के खिलाफ बगावत करवाने में अपना जवाब नहीं रखता।

यदि हम सीलोन के बारे में बोल सकते हैं या 'मदद' पहुँचाने के लिए कदम उठा सकते हैं तो कोई हमारे बारे में भी बोल सकता है। यह तो कोई रवैया नहीं

हुआ कि हम तो सबकी तरफ उँगली उठाएँगे पर कोई हमारी तरफ उँगली न उठाए। यदि सिख आतंकवादी गुमराह हैं तो श्रीलंका के तमिल भाषी भी गुमराह हैं। उनमें और हमारे सिख आतंकवादियों में फर्क क्या है ? समस्याएँ भी हमारी हैं…हम एक बार पंजाब को सेना के हवाले कर चुके हैं और अब उसे पुलिस के हवाले कर दिया है।

कोई तो वजह होगी जो सिखों को खालिस्तान के नारे की तरफ घसीटे लिये जा रही है। और यदि हम मिजोरम में चुनी हुई सरकार को वरतरफ करके एक आतंकवादी की सरकार बनवा सकते हैं, तो यही कदम हमने पंजाब में क्यों नहीं उठाया ?

जब संत लोगोंवाल की हत्या हो गयी तो हमें समझ लेना चाहिए था कि यह हत्या लोगोंवाल-राजीव गांधी समझौते की हुई है। हमें यह भी समझ लेना चाहिए था कि जो समझौता किया गया था वह सही दिशा में नहीं था। वह सही दिशा में नहीं था तो उसी दिन राष्ट्रपति शासन लागू कर देना चाहिए था। पर तब राष्ट्रपति शासन लागू करने से कांग्रेस (आई) का कोई फायदा नहीं होता, तो शुभ मुहूर्त की प्रतीक्षा की गयी। और हरियाणा चुनाव को यह तोहफा दिया गया कि पंजाब के 48% हिंदुओं की रक्षा केवल कांग्रेस (आई) सरकार कर सकती है।

क्या कांग्रेस (आई) के नेता मुझे यह बताएँगे कि उनमें से कितनों ने पंजाब के देहातों और मंडियों में जाकर सिखों और हिंदुओं की समस्याएँ समझने की कोशिश की है ? उनमें से कितनों ने असम की गलियों-पगडंडियों से मुल्की-गैरमुल्की तनाव का कारण पूछा है ?

हमारी बदनसीबी यह भी है कि हमारी राजनीति पदयात्रा करना भूल चुकी है और चूँकि जनता से संपर्क टूट चुका है इसलिए प्रधानमंत्री और राष्ट्रपति के अधिकारों की बाल की खाल निकालने में जुट जाती है।

सांप्रदायिकता का कोई धर्म नहीं है !

जाहिदे-तंग नज़र ने मुझे काफ़िर जाना और काफ़िर यह समझता है मुसलमान हूँ मैं !!

मगर मज़े की बात यह है कि न मैं काफ़िर हूँ, न मुसलमान। मैं तो एक हिंदुस्तानी मुसलमान हूँ और इसके सिवा मेरी कोई और पहचान नहीं है। इसीलिए मैंने अपनी नज़्म 'वसीयत' में लिखा था कि अगर मैं गंगा से दूर मरूँ तो :

मुझे ले जाके गाज़ीपुर में गंगा की गोदी में सुला देना।
वो मेरी माँ है, वह मेरे बदन का ज़हर पी लेगी
मगर शायद वतन से दूर, इतनी दूर मौत आए
जहाँ से मुझको गाज़ीपुर ले जाना न मुमकिन हो
तो फिर मुझको,
अगर उस शहर में छोटी-सी इक नदी भी बहती हो
तो मुझको उसकी गोदी में सुलाकर
उससे कह देना
कि यह गंगा का बेटा आज से तेरे हवाले है !!

तो आज आपसे गंगा का यही बेटा बात करना चाहता है क्योंकि आज मेरा दिल डूबा हुआ है। धमकियों भरे खतों से मुझे डर नहीं लगता क्योंकि मुझसे पहले भी बहुत से लोग सच बोलने के जुर्म में मारे जा चुके हैं।

मुझे जो बात परेशान करती है वह यह है कि लोग सिर्फ वही बातें क्यों सुनना चाहते हैं जिन्हें वे सच मानते हैं। जानते नहीं—मानते हैं और जानने की कोशिश ही नहीं करते ! मैं सचमुच यह जानना चाहता हूँ कि अगर आपको लाखों-लाखों मंदिरें और मस्ज़िदें बनवाने का अधिकार है; कि अगर आपको बौद्ध मंदिर गिराकर हिंदू मंदिर बनाने का अधिकार है, कि अगर आपको हिंदू मंदिर ढाकर मस्जिद बनाने का अधिकार है, कि अगर आपको पंजाब की मस्जिदों को मंदिर या गुरुद्वारे बना लेने का अधिकार है तो मुझे यह कहने का अधिकार क्यों नहीं है कि एक ऐसे मंदिर

और एक ऐसी मस्जिद को ढा दिया जाए जो हमारे नागरिक और सामाजिक जीवन में आग लग जाने का कारण बन सकती है क्या आपको यह अधिकार इसलिए है कि आप 50 करोड़ हैं ? क्या आपको अधिकार इसलिए है कि आप 72 करोड़ हैं ? और क्या मुझे यह अधिकार इसलिए नहीं कि मैं अकेला हूँ ? पर क्या मैं वाकई अकेला हूँ ? और जो हूँ भी तो क्या लोकतंत्र में अकेले आदमी को किसी डर के बिना, इज्ज़त से जीने का अधिकार नहीं ? जो नहीं, तो आप अपने धर्म और आप अपने मज़हब को न जानते हैं और न ही उसकी इज्ज़त करते हैं। मज़े के लिए एक ख़त के कुछ हिस्से देखिए :

धमकी भरे रात

"साले कुत्ते रज़ा ('ज़' के नीचे बिंदी नहीं डाली !)...मैं बताता हूँ कि मुसलमानों ने क्या दिया है इस देश को। मक्खी-मच्छर, बिखरी हुई हड्डियाँ, गंदी सड़ी गालियाँ और पान की पीक से सने तथा टाट के बोरे लटके हुए दरवाजे...जिस उल्लू के पट्ठे ने कुरान लिखी उसने यह भी लिखा है कि ये बेगैरत कौम 1400 साल में गारत हो जाएगी...। मुसलमान चाहे मुनीस रज़ा हो या राही मासूम रज़ा...तुम सब लोगों के इटैंशन एक ही हैं क्योंकि खून जो गद्दार है, बेटा बाप की गरदन साफ करता है, बाप बेटे की। बाप बेटी तथा बेटे की बहू से शादी कर खुदा कहलाता है, चाचा भतीजी से और मामा भांजी से शादी करता है...तुम मलेच्छों की कोई संस्कृति नहीं...साले कटवे मक्के मदीने पर तू खुद पेशाब कर उसके बाद उसे बम से उड़ा दे...राम जन्मभूमि को ढाने कहने की हिम्मत तेरी...शिवसेना का त्रिशूल तेरी अंतड़ियों में घुसने को तैयार है...गंगा में नहा तू सुअर अगर कुछ जानना है तो वेदों को पढ़, उपनिषद पढ़...''

बाल ठाकरे विचार करें

यह खत लिखनेवाला गीता पर ईमान रखनेवाला कोई हिंदू हो नहीं सकता !! यह कोई कायर जिसने ख़त में अपना नाम तक नहीं लिखा !! यह आदमी न इस्लाम के बारे में कुछ जानता है न हिंदू धर्म के बारे में (लेकिन चूँकि इसके हाथ में शिवसेना का त्रिशूल है, इसलिए मैं चाहता हूँ कि सर्वश्री बाल ठाकरे इस बात पर विचार करें कि उन्होंने शिवसेना का त्रिशूल किन लोगों के हाथ में दे दिया है !)

मैंने 30-40 ख़तों में से केवल दो ख़त चुने हैं। इससे पहले मैं एक सुलतानपुरी का जिक्र कर चुका हूँ। दोनों ही आधा सच बोले। सुलतानपुरी ने मुसलमानों को बताया कि मैं बाबरी मस्जिद को गिराने की बात कर रहा हूँ और यह बेनाम आदमी यह कह रहा है कि राम जन्मभूमि का मंदिर गिराने की बात कर रहा हूँ। जबकि पूरा सच यह है कि मैंने दोनों को गिराकर वहाँ बच्चों के लिए एक राम बाबरी पार्क

बनाने की बात कही थी !! परंतु एक सुलतानपुरी मुसलमान और उस शिव सैनिक हिंदू के आधा सच बोलने से यह पता जरूर चलता है कि सांप्रदायिकता का कोई धर्म नहीं है। वह सेक्युलरिज़्म पर हमला करने के लिए कभी भी हरे और केसरी का गठजोड़ करवा सकती है।

परंतु मैं आपको जो दूसरे ख़त सुनाने जा रहा हूँ वह पहले की तरह जाहिल नहीं हैं।

यह ख़त लिखा है 24 तलैया मुहल्ला, झाँसी के श्री मनमोहन साहू 'स्नेही' ने जो बुंदेलखंड नवनिर्माण दल के महामंत्री हैं…

यह अपने ख़त के आखिर में लिखते हैं कि "हाँ मेरी भी एक तमन्ना है। काबे के अंदर जाकर ऊँ नमः शिवाय जपूँ और शिव को गंगाजल अर्पित करूँ।"

कुछ याद आता है कि शायद पहली लोकसभा में हिंदू महासभा (?) के एक सदस्य ने यह कहा था कि काबे का 'संगे-बसवद' वास्तव में शिवलिंग है और उसे हिंदुस्तान वापस आ जाना चाहिए। ख़याल आता है कि पंडित नेहरू ने बहुत डाँट पिलाई थी ! पर मैं पंडित नेहरू नहीं हूँ (होना भी नहीं चाहता !) मैं स्नेही जी से केवल यह पूछना चाहता हूँ कि आपकी यह तमन्ना क्यों है। क्या इसलिए कि जहाँ एक मंदिर था वहाँ एक मस्जिद बन गयी है ? यदि ऐसा है तो आप में और बाबर बादशाह में क्या फर्क रह जाएगा ? यह प्रश्न मैं इसलिए कर रहा हूँ कि स्नेही जी ने लिखा है :

"जहाँ तक श्री राम जन्मभूमि पर बाबरी मस्जिद का प्रश्न है…गरीब-से-गरीब और कमजोर-से-कमजोर भी प्रयत्न करता है उसे उसका हक मिल जाय ! आक्रांताओं ने संपूर्ण मानवीय संवेदनाओं को बलाए ताक रखकर हिंदुओं की उस काल की न केवल संपत्ति वरन् हिंदुत्व को ही मिटाने में कोई कोर कसर नहीं छोड़ी थी।"

स्नेही जी तो कवि हैं (शायद) तो उन्हें अपने साहित्य और अपनी सभ्यता का इतिहास तो मालूम होना चाहिए।

इतिहास गवाह है

क्या रसखान का नाम काटकर कृष्ण भक्ति काव्य का इतिहास लिखा जा सकता है ? क्या तुलसी की रामायण में आपको कहीं मुगल दरबार की झलकियाँ दिखाई नहीं देतीं ? क्या आपने अनीस के मरसिये देखे ? देखे होंगे तो आपको यह भी मालूम होगा कि इन मरसियों के पात्रों के नाम भले ही अरबी हों परंतु वह हैं अवध नगरी के राजपूत ! क्या आपको ग़ालिब का एक शेर सुनाऊँ—

जला है जिस्म जहाँ, दिल भी जल गया होगा
कुरेदते हो जो अब राख जुस्तजू क्या है।।

यह शेर पढ़कर कौन-सी तस्वीर उभरती है ? क्या आपने नज़ीर अकबराबादी की नज़्म 'होली' पढ़ी है ? क्या आपने गोलकुंडा के कुतुबशाही बादशाहों की मस्जिद देखी है ? उसके खंबे कमल के तराशे हुए फूलों पर खड़े हैं और उसकी मेहराबों में आरती के दिये खुदे हुए हैं ? क्या आप जानते हैं कि महाकवि अमीर खुसरो की माँ राजपूतानी थीं ? क्या आपने देखा है कि मुहर्रम पर दशहरे की छाप कितनी गहरी है ? आपने बड़े गुलाम अली खाँ, करामत अली खाँ, फैयाज़ खां, अकबर अली खाँ, अमज़द अली खाँ, अहमदजान थिरकवा अल्ला रक्खा खां, बिसमिल्ला खाँ, बेगम अखतर, रसूला बाई…वगैरा के नाम सुने हैं ?…स्नेही जी हिंदुत्व को मिटाने में कोर-कसर न छोड़ने की बात न कीजिए। हिंदुस्तान के मुसलमानों ने हिंदू संस्कृति और सभ्यता को अपने खूने-दिल से सींचकर भारतीय संस्कृति और भारतीय सभ्यता बनाने में बड़ा योगदान किया है।

आप जैसे की परेशानी यह है कि आप लोग धर्म की धूलभरी, गहरे रंगोंवाली ऐनक उतारकर धूप का असली रंग देखने को तैयार ही नहीं हैं। भूल जाइए कि हिंदुस्तान सिर्फ आप जैसे हिंदुओं ही का है। हिंदुस्तान मेरा भी है और वह किसी भी तरह आप से कम मेरा नहीं है।

आप स्नेही हैं तो हिंदुत्व जैसे अर्थहीन शब्दों के जाल से निकलिए और ढाई अक्षर प्रेम का लेकर, उठिए, घर-घर जाइए। अंत में जिगर मुरादाबादी का एक शेर–

उनका जो काम है, वह अहले सियासत जानें
मेरा पैग़ाम मुहब्बत है, जहाँ तक पहुँचे !

इस बार वास्तव में मैं पाकिस्तान के इस्लामी बम और राष्ट्रपति रीगन की दोगली और मानव-दुश्मन राजनीति की बात करना चाहता था। उसे आगे कभी के लिए टालना पड़ा क्योंकि ख़तों का उत्तर देना जरूरी था।

एक बात और प्रिय त्रिशूली मित्रो ! गाली बकने से पहले गाली बकना सीख तो लो।

सुलैमान के अब्बा को बाद अस्सलामालेकुम के मालूम होय कि हम लोग इहाँ खैरियत से हैं !

आदरणीय प्रधानमंत्री जी,

मेरा नाम राही मासूम रज़ा है। आप मुझे शायद ही जानते हों क्योंकि मैं एक हिंदी-उर्दू कवि और उपन्यासकार हूँ। पर आपको साहित्य पढ़ने का मौका भला कहाँ मिलता होगा। इसलिए बस यह समझ लीजिए कि मैं अपनी पहचानों के जंगल में गुम उस देश का नागरिक हूँ जिसका नाम संविधान सभा ने भारत यानी इंडिया रखा था।

आपको शायद यह सूचना न मिली हो कि पहचानों के इस जंगल में आग लगी हुई है। यह आग यदि बुझाई न गई तो पहचानें भी जल जाएँगी और उनके साथ हमारा और आपका यह भारत यानी 'इंडिया' भी जल जाएगा। यदि यह घटना घटी तो आदरणीय प्रधानमंत्री जी, आप प्रधानमंत्री कहाँ के या कैसे रह जाएँगे। इसलिए भारत यानी 'इंडिया' का खैरियत से रहना आपके हित में भी है और हमारे हित में भी।

यह पत्र मैं डाक द्वारा भी भेज सकता था। परंतु आप तो अपने डाक तार विभाग को जानते ही हैं ! फिर मुझे यह भी भरोसा नहीं कि आपके कार्यालय के लोग आपको यह पत्र दे ही देंगे और मुझे यह भी पता नहीं कि आप हिंदी जानते हैं या नहीं !

इसलिए मैंने यही उचित जाना कि यह पत्र 'गंगा' के मार्फत प्रकाशित करवा दूँ।

एक राज की बात सुनिए। भारतवर्ष में साहित्यकार को मरने के बाद पूजा जाता है, परंतु जिंदगी में साहित्य दो वक्त की रोटी, घर का किराया, बिजली, धोबी और डॉक्टर का बिल वगैरा-वगैरा नहीं दे सकता। इसलिए यहाँ हर साहित्यकार को कोई और काम भी करना पड़ता है तो मैं फिल्मों में संवाद लिखता हूँ। आप तो हिंदी फिल्में भी नहीं देखते होंगे। इसलिए बता रहा हूँ कि फिल्में तीन तरह की होती हैं। अच्छी, बुरी और बहुत बुरी। मैं तीनों तरह की फिल्में लिखता हूँ। एक फिल्म

में मैंने यह सीन लिखा था—

कहानी यह है कि नायक एक पोस्ट ऑफिस पर बैठकर लोगों के खत लिखनें का काम करता है। एक बुढ़िया ने ख़त लिखवाया, सुलैमान के अब्बा यानी अपने पति को कि "सुलैमान के अब्बा को बाद अस्सलामालेकुम के मालूम होय कि हम लोग इहाँ खैरियत से हैं। गुजारिस अहवालइ है कि सुलैमान को एक मुई टैक्सी का धक्का लग गया। टँगड़ी की हड्डी टूट गई। पलस्तर चढ़ा है। ओके बड़के बेटे सुलतनवा को माता निकल आई है। मंझलके को काली खाँसी है। छुटवे को बुखार है। पतोहू को नाक पर फुड़िया निकल आई है। हमारा दम्मा भी आजकल जोर किये है। बाकी सब खैरियत है"।"

हीरो ने कहा, "सब तो बीमार है खाला, फिर यह क्यों लिखवा रही है कि सब खैरियत है ?"

हीरो नंबर दो की आवाज आई, "अब खैरियत का मतलब यह है चिट्ठी मास्टर, कि मरे नहीं ज़िंदा हैं।"

हमारे आपके देश भारत यानी 'इंडिया' में घिसघिसा कर 'खैरियत' का मतलब अब यही रह गया है !"'और आप इक्कीसवीं सदी की बात कर रहे हैं ! अरे सरकार, जो इक्कीसवीं सदी का बस चल गया न तो वह भारत यानी 'इंडिया' से कतरा के गुजर जाएगी और आप अपने पूरे मंत्रिमंडल के साथ रास्ते पर फूल-मालाएँ लिये खड़े प्रतीक्षा करते रह जाएँगे। हर देश को अपने लिए अपनी शताब्दी बनानी पड़ती है महोदय ! हमारी इक्कीसवीं सदी भी 'मेड इन सोवियत यूनियन' नहीं है कि आप कर्ज लेंगे और खरीद लाएँगे। बूता हो तो इक्कीसवीं सदी बनाने की बात कीजिए"'और ध्यान रहे कि सदियाँ कुलैबुरैशन में नहीं बनतीं और जो बूता नहीं है तो चुपचाप 15वीं सदी के भारतवर्ष पर राज किए जाइए और मुझे भी मार-धाड़, अश्लील संवाद, नंगे नाच-गानों से भरपूर फिल्में लिखने दीजिए।

हम-आप दोनों का फायदा इसी में है कि देश उन्नति न करे। जो उन्नति करेगा तो प्रश्न करना शुरू कर देगा। आप से पूछेगा कि देश का इतना बुरा हाल क्यों है ? मुझसे पूछेगा कि मैं इतनी ख़राब फिल्में लिखना भी क्यों स्वीकार कर लेता हूँ ? और फिर इन सवालों की आल औलाद ! क्योंकि सवाल तो फैमिली प्लानिंग में यकीन ही नहीं करते !

इसलिए आदरणीय महोदय ! आइए, हम और आप दोनों ही सर जोड़कर सोचें। हमारी समस्याएँ एक ही हैं। मैं दो रोटियाँ खाता हूँ, आप तीन खाते होंगे, या शायद डेढ़, पर खाते तो अवश्य होंगे। राजनीति आपका पेशा है। फिल्म मेरा। इन दोनों ही में मार-धाड़, अश्लीलता, नंगेपन का दौर-दौरा है। जैसे मैं नायक के 'भाषण' लिखता हूँ जिसे फिल्मी शब्दकोश में 'संवाद' कहते हैं, वैसे ही कोई आपके भाषण लिखता है ! हमारे स्टार को तो पता नहीं होता कि आज उसकी किस फिल्म

की, कौन से सीन की शूटिंग है। वहाँ से अपनी खैरियत लिखिए।

फिल्मों की ही तरह ज्यादातर बुरी राजनीति सुपर हिट हो रही है। अभी मैंने एक फिल्म देखी जिसमें लार्ड कर्ज़न की मूर्ति पत्थर की जिस घोड़ी पर बैठी है उस घोड़ी से नायक के घोड़े का बाकायदा इश्क चल रहा है। और खुदा की कसम वह इश्क बहुत-सी फिल्मों के हीरो और हीरोइनों के इश्कों से ज्यादा दमदार और रसीला था। घोड़ा और घोड़ी की मूर्ति, दोनों ही ने कमाल का अभिनय किया और आखिर में वह घोड़ा उस घोड़ी की मूर्ति को लेकर भाग गया ! हमारी राजनीति भी कर्ज़न की घोड़ी है...जिससे भारतवर्ष के तमाम राजनीतिक घोड़ों का इश्क चल रहा है। पर यह घोड़ी है छिनाल ! कभी एक घोड़े के साथ भाग जाती है कभी दूसरे के साथ !

महोदय, आप राजनीति के अमिताभ बच्चन हैं। सुपर स्टार ! हम सारे पटकथा-संवाद लेखक, सारे के.के. शुक्ला, कादिर खान, जावेद अख़्तर, राही मासूम रज़ा आपके साथ हैं। परंतु कोई करिश्मा तो दिखाइए।

वैसे मेरी राय है कि भारतीय राजनीति को एक अच्छे पट-कथा लेखक की आवश्यकता है ! आपने जो यूनिट बनाया है वह किसी काम का नहीं है। और यदि भारतीय राजनीति को कोई अच्छा पट-कथा लेखक न मिला तो राजनीति चाहे हिट रहे परंतु वह राज कपूर की गंगा की तरह मैली ही रहेगी।

कभी-कभी मुझे लगता है कि मेरी ही तरह आपको भी इस देश यानी भारत 'दैट इज इंडिया' से कोई खास प्यार नहीं है। उतना भी नहीं जितना आपके स्वर्गीय नानाजी को था। और उतना तो बिल्कुल ही नहीं जितना आपके स्वर्गीय पिताजी को था। आपके नानाजी को बहुत से समझौते करने पड़े—वह उनकी कुर्सी का तकाज़ा था। आपके पिता ने कोई समझौता नहीं किया क्योंकि उनके पास कुर्सी नहीं थी।

आदरणीय महोदय ! देशभक्ति में समझौतों की गुंजाइश होती भी नहीं। पर 1986 में देशभक्ति की बात यूँ भी आउट-डेटेड हो गई है। देशभक्ति का सोना अब 14 कैरेट का भी नहीं रह गया है ! और इस सोने में जो मिलावट हो रही है उससे मुझे डर लग रहा है।

इसलिए आइए, आदरणीय प्रधानमंत्री, भारतवर्ष के नक्शे में भारत यानी 'इंडिया' को तलाश करें। मेरे और आपके बचने का यही एक रास्ता है।

भारतवर्ष बड़ी तेजी से पीछे की तरफ़ भाग रहा है। डूबते हुए सूरज की तरफ़। डूबे हुए सूरजों की तरफ़। और हम 'वोट बैंक ऑफ़ इंडिया' में अपना खाता खोलने में लगे हुए हैं। वोटों के करंट अकाउंट खाते। सेविंग्स अकाउंट खाते। फिक्स्ड अकाउंट खाते। राम जन्म-भूमि खाता। बाबरी मस्जिद खाता। गोल्डेन टेंपिल खाता। कोंकणी-मराठी खाता। कन्नड़-मराठी खाता। गुरदासपुर खाता। अहमदाबाद खाता। बूड़च खाता। इलाहाबाद खाता। दिल्ली खाता...हर तरफ कोई-न-कोई खतरे में है।

सभी जान बचाने के लिए सरकार की तरफ़ भागेंगे। यह सौदा खतरनाक है महोदय ! यह देश को मिराज की तरफ़ ले जानेवाला सौदा है।

सेकुलरिज़्म को नारा नहीं, जीने का ढंग बनाइए। सेकुलरिज़्म पर से एक्साइज कर उठा लीजिए। सेकुलरिज़्म को प्राइवेट सेक्टर तक आने दीजिए।

गंगा को साफ़ करने से पहले राजनीति को साफ़ कीजिए।

यह झगड़े वोट-बैंकों के दरवाज़े हैं...

अभी कुछ दिनों के लिए अमरीका जाना पड़ा। पतझड़ का मौसम था और जितना अमरीका मैंने देखा वह पतझड़ के रंगों में डूबा हुआ था।

राष्ट्रपति रीगन का पतझड़ भी मेरे सामने ही शुरू हो गया था...साहब यह अमरीकी राजनीति भी गज़ब की चीज़ है। यह डॉलर के सिवा और किसी की वफ़ादार नहीं–इसकी बेहयाई देखिए कि सद्र रीगन चंद अमरीकी नागरिकों को लेबनान के शीया आतंकवादियों के कब्जे से निकालने के लिए खुमैनी सरकार से बातचीत करने पर तैयार हुए। यह बात बिल्ली के गुह की तरह छिपाई गई। उस पर इंग्लैंड की मिट्टी डाली गई...मोल-तोल हुआ। अमरीकी नागरिक छूट गए और इस सौदे में अमरीका ने सैकड़ों मिलियन डॉलर कमा लिए।...और यह कमाई निकारागुआ में आतंकवादियों की मदद के लिए खर्च की गई। ऐसी दोगली, ऐसी झूठी, ऐसी बेईमान राजनीति। यह मैली राजनीति दुनिया की किसी लांडरी में धुलकर साफ नहीं हो सकती...इसलिए इतिहास को प्रतीक्षा करनी पड़ेगी उस दिन की, जब अमरीकी जनता यह फैसला करेगी कि यह राजनीति उसका अपमान है। उस दिन वह इसे उतार फेंकेगी और डॉलर की गुलामी से आज़ाद होकर अपनी क्रांति को पूरा कर लेगी।

परंतु मैं आज राष्ट्रपति रीगन की बात करना नहीं चाहता था, पर वह जब भी ध्यान में आते हैं मेरी जुबान में खुजली होने लगती है; क्योंकि सच पूछिए तो हमारी राजनीति का हाल भी वैसा ही है। स्वतंत्रता जो आई वह मेड इन इंग्लैंड थी। स्वतंत्रता मेड इन इंग्लैंड इसलिए आई कि जो पार्टी स्वतंत्रता संघर्ष की अगुवाई कर रही थी, अर्थात् इंडियन नेशनल कांग्रेस, वह भी मेड इन इंग्लैंड ही थी...इसलिए जब खुद ब्रिटेन डॉलर की छत्रछाया में जा बैठा है तो भारतीय राजनीति भला डॉलर की पाठशाला में कैसे न जा बैठती। और जनाब, हमारी राजनीति ने भी डॉलर के सबक फर-फर याद कर लिए। डॉलर की सभ्यता यह है कि राजनीति देश के लिए नहीं है, देश राजनीति के लिए है और राजनीति उस व्यक्ति के लिए है जिसकी स्वतंत्रता का ढिंढोरा डॉलर सरकार पीटती रहती है। परंतु अमरीका दूसरे देशों के

व्यक्तियों की स्वतंत्रता बरदाश्त नहीं कर सकता। अमरीका में दूसरों की स्वतंत्रता की परिभाषा डॉलर की गुलामी है; और जो देश डॉलर के गुलाम नहीं हैं, उन्हें मेड इन अमरीका स्वतंत्रता देने के लिए अमरीकी सरकार करोड़ों डॉलर खर्च करती रहती है।

हमारा रुपया सीकिया पहलवान है। डॉलर की तरह मुँहजोरी तो नहीं कर सकता...परंतु जीवित है और डॉलर के कदम चूमकर आत्महत्या करने पर तैयार नहीं, इसलिए अंतर्राष्ट्रीय मैदान में वह डॉलरबाजी का विरोध करता है और दुनिया के सारे कमज़ोर देशों का साथ देता है। पर देश के अंदर वह डॉलर ही का खेल खेल रहा है। जो आतंकवाद उसके दुश्मन का दुश्मन है, वह आतंकवाद नहीं; जैसे गोरखालैंड की माँग करनेवाले ! दिल्ली सरकार उनके खिलाफ़ नहीं क्योंकि वह बंगाल सरकार का तख्ता उलटने की कोशिश में दिल्ली सरकार के काम आ सकते हैं। यह मत कहिए कि भारत एक लोकतंत्र है और यहाँ ऐसा नहीं हो सकता। केरल में नंबूदरीपाद सरकार कैसे उलटी थी ? कश्मीर में अब्दुल्लाह सरकार कैसे उलटी ? आंध्र में एन.टी.आर. की तेलुगुदेशम सरकार कैसे उलटी थी ? भारतीय लोकतंत्र इस खेल का उस्ताद है। लोकतंत्र का मतलब यह थोड़े है कि यहाँ सचमुच का लोकतंत्र है।

सेक्युलर डेमोक्रेसी का खेल

हमारे संविधान में तो और भी बहुत सारी ख़ूबसूरत बातें लिखी हुई हैं। उसमें लिखा हुआ है कि भारत एक सेक्युलर डेमोक्रेसी है। लेकिन यहाँ न तो सेक्युलर ही है और न ही डेमोक्रेसी। यहाँ शिवसेना के नेता सर्वश्री बाल ठाकरे शिवाजी पार्क में माइक्रोफ़ोन लगाकर भारतीय मुसलमानों को विदेशी बताते हैं और उन्हें सीधा करने की बात करते हैं, और मुख्यमंत्री यह बयान देकर चुप हो जाते हैं कि मैं उन्हें ऐसा कहने पर छोड़ँगा नहीं। ग़ालिब का कोई माशूक़ अवश्य श्री चव्हाण जैसा रहा होगा; तभी तो उन्होंने यह लिखा है :

तेरे वादे पर जिए हम तो ये जान छूट जाता
कि ख़ुशी से मर न जाते, अगर एतबार होता।

और भारतीय राजनीति की सबसे मज़ेदार बात यहाँ 8 दिसंबर के समाचार-पत्रों में छपी। म्युनिसिपल बाई इलेक्शन में एक शिव सैनिक भारतीय जनता पार्टी के आदमी (?) को हराकर चुनाव जीत गया तो उसने यह बयान दिया कि उसकी जीत हिंदूइज़्म की जीत है। यह तो रोमनों से भी ज़्यादा रोमन होने की बात हो गई। जहाँ दो ईंटों के बीच में जरा-सी भी जगह नहीं है, वहाँ भी मज़हब का भूत धुआँ बनकर घुसने की कोशिश कर रहा है और दुर्भाग्य से सफ़ल भी हो रहा है।

हर धर्म कभी-न-कभी मनुष्य को रास्ता दिखाने आया था। परंतु आज हर धर्म अपने माननेवालों को कुछ लोगों के फायदे के लिए राह से भटकाने का काम कर रहा है। लोग वोटों के दरबे पर धर्म का ताला लगाना चाहते हैं कि बस चुनाव के दिन वोटर दरबे से निकाले जाएँ, वोट दें और फिर पाँच वर्ष के लिए बंद कर दिये जाएँ।

यदि आज अस्सी प्रतिशत हिंदुओं को यह समझने का क़ाम किया जा सकता है तो उनका धर्म खतरे में है, तब तो फिर 12 प्रतिशत मुसलमानों और ढाई प्रतिशत सिखों को यह समझना बहुत ही आसान है।

इस बात पर याद आया कि 8 दिसंबर को एक सभा बुलाई गई थी। डॉ. भ.दी. फड़के ने मराठी भाषा में एक किताब लिखी है—'स्वातंत्र्य आंदोलनातीत मुसलमान'। यह सभा इसी किताब के सिलसिले में थी और एक भारतीय मुसलमान के नाते मैं वहाँ बुलाया गया था। जब मैं भाषण देने के लिए उठा तो पहली बार सोचकर दुःख हुआ कि मैं मराठी नहीं जानता।

यदि मैं मराठी होता तो शायद ज़्यादा खुल के बात कर पाता। पर हम हिंदीवालों का दिल इस बात में बहुत छोटा है। हम यह तो चाहते हैं कि हिंदी देश भर में स्वीकार कर ली जाए, पर देश की दूसरी भाषाओं की न इज़्ज़त करते हैं और न उनकी ज़रूरत समझते हैं। शायद यही कारण है कि अहिंदी भाषियों के लिए हिंदी को स्वीकार करना मुश्किल हो रहा है।

परंतु यह बात फिर कभी।

धर्म : प्रगति के रास्ते का रोड़ा

मैं उस सभा में गया। डॉ. फड़के ने यह किताब बड़ी मेहनत और गंभीर सच्चाई से लिखी है। यह साबित भी कर दिया है कि मुसलमानों ने स्वतंत्रता आंदोलन में बड़े काम किए हैं। पर मुझे इन मौक़ों पर हमेशा यह लगता है कि मैं मुजरिमों के कठघरे में खड़ा हूँ और मेरी सफाई का गवाह अपना बयान दे रहा है। इसलिए मैंने उस सभा में कहा कि मुसलमानों ने स्वतंत्रता आंदोलन में कुछ नहीं किया, पर हिंदुओं ने भी कुछ नहीं किया; और अगर कुछ किया हो तो बताइए। सिखों और ईसाइयों का भी कोई योगदान नहीं···स्वतंत्रता आंदोलन में तो हिस्सा लिया था किसानों-मजदूरों ने; विद्यार्थियों और अध्यापकों ने; क्लर्कों और दुकानदारों ने···रामप्रसाद बिस्मिल हिंदू नहीं हिंदुस्तानी क्रांतिकारी थे; भगत सिंह सिख नहीं थे; भारतीय इंकलाबी थे···धर्म तो स्वतंत्रता के रास्ते का रोड़ा था, जैसे आज प्रगति के रास्ते का रोड़ा है···वह कहीं सर्वश्री बाल ठाकरे को नेता बना देता है, कहीं मौलाना बुखारी को। इनके हाथों से धर्म छीन लीजिए तो इन फुकनों की हवा निकल जाएगी।

पंजाब में संत भिंडरवाला उभरे। उन्हें खोज निकाला किसने था ? कांग्रेस के भीतरी झगड़े ने सरदार जैलसिंह और सरदार दरबारा सिंह की अनबन ने। दरबारा सिंह का सूरज डूब गया। जैलसिंह जी राष्ट्रपति हो गए, और पंजाब जल रहा है।

इसी तरह श्री ठाकरे का सूरज स्वर्गीय नायक की राजनीति के क्षितिज से निकला। वह डाँगे को हराकर बंबई के मजदूरों को कम्युनिस्टों के असर से निकालना चाहते थे।

डाँगे आखिरकार हार तो गए। कम्युनिस्टों का असर भी टूट गया। परंतु बंबई भी कांग्रेस के हाथ से निकल गयी और जो वातावरण यही रहा तो, शायद पवार को मिलाने के बाद भी आनेवाले चुनाव में कांग्रेस के हाथ से महाराष्ट्र के निकल जाने का बड़ा डर है। क्योंकि, शिवसेना के हाथ में धर्म और क्षेत्र दोनों लाठी हैं और कांग्रेस या किसी और पार्टी के पास इस दोहरे जादू की कोई काट नहीं है।

असम में चुनी हुई सरकार से त्यागपत्र दिलवाकर असम को आतंकवादियों के हवाले कर दिया गया।

कांग्रेस का बस चला तो बंगाल में एक 'गुरखिस्तान' भी बन जाएगा।

मुझे तो उत्तर प्रदेश और बिहार भी थोड़े ही दिनों के मेहमान दिखाई देते हैं। इन दोनों का बँटवारा भी होने ही वाला है क्योंकि दाल बाँटने के लिए जूतियाँ कम पड़ रही हैं···

विभाजन का सिलसिला

यह बात सही नहीं है कि 14 अगस्त सन् '47 को देश का विभाजन हो गया था। सही बात यह है कि 14 अगस्त सन् '47 को देश का विभाजन शुरू हुआ था और विभाजन का काम खत्म नहीं हुआ है, जारी है।

वहाँ अमरीका में मैंने हिंदुस्तानी-पाकिस्तानी दोस्तों से यह कहा कि अपने घर की यादों को मत ताज़ा रखिए।

भूल जाइए कि आप हिंदुस्तानी या पाकिस्तानी हैं। आप अमरीकी हैं। डॉ. अब्दुल्लाह वाशिंगटनवी···डॉ. सलमान अख़्तर फ़िलेडलफियावी···

परंतु यहाँ, अपने घर में यह कहना चाहता हूँ कि घर की याद को ताज़ा रखिए। भाषा भी ठीक, धर्म भी ठीक, पर यह भी सोचिए कि देश भी ठीक या नहीं। जरा-सी बात पर धर्म का यूँ सड़क पर निकल आना, धर्म और देश दोनों की सेहत के लिए ठीक नहीं है।

कल किसी ने शिवाजी की तस्वीर को जूते का हार पहना दिया, तो सज़ा मिली सैकड़ों बेगुनाहों को, जो कत्ल कर दिए गए। सज़ा मिली सैकड़ों दुकानों को जो लूट ली गईं, सज़ा मिली सैकड़ों घरों को जो जला दिए गए।

आज किसी समाचार-पत्र में इस्लाम के पैगंबर के बारे में किसी ने कुछ अंट-शंट

लिख दिया तो सज़ा मिली बाज़ारों को, सज़ा मिली सरकारी बसों को···

सीधी बात यह थी कि उस समाचार-पत्र पर मुकदमा चलाया जाता। उस कहानी के लेखक को सज़ा दिलवाने की कोशिश की गयी होती, क्योंकि पैगंबर का अपमान बसों ने या दुकानों ने तो किया नहीं था।

मगर कुर्सियों के आसमान से नीचे उतरकर कोई सोचने पर तैयार नहीं है। यह झगड़े वोट बैंकों के दरवाज़े हैं, लोग या तो डर के वोट दे रहे हैं या गुस्से में। और डर और गुस्से—दोनों के लिए किसी-न-किसी फ़साद की ज़रूरत पड़ती है···

भारतीय समाज किसी मज़हब की जागीर नहीं है !

मैं उस जन्नत में जाना नहीं चाहता जिसमें सैयद शहाबुद्दीन, सुलेमान सेठ, बनातवाला, जेड.आर. अंसारी जैसे मुसलमानों से मुलाकात होने का डर भी हो, क्योंकि यह बड़े क़ाबिल लोग हैं। जो इन्हें मौक़ा मिल जाए तो ये लोग अल्लाह मियाँ को कुरान का मतलब समझाने बैठ जाएँगे कि अल्लाह मियाँ माफ़ कीजिएगा मगर कुरान दरअसल आपकी समझ में नहीं आया···

मैं हिंदुस्तान के हर मौलवी से एक सवाल करना चाहता हूँ। क्या आप मेरी ज़मीन पर मेरी इजाज़त के बिना नमाज़ पढ़ सकते हैं ? मेरे ख़्याल में आप नहीं पढ़ सकते। इसलिए रामजन्म भूमि मंदिर गिराने तक की बात तो मेरी समझ में आती है कि बाबर बुतपरस्ती नहीं चाहता था। हालाँकि सवाल यह रह जाता है कि जो यह लोग बुतशिकन थे तो इन्होंने सारे मंदिर क्यों नहीं गिराए ? मुझे तो ऐसा लगता है कि मंदिर गिराने का इस्लाम से कुछ लेना-देना नहीं था। पर अभी इस बहस को छोड़िए। चलिए मान लिया कि बाबर सैयद शहाबुद्दीन की ही तरह का मुसलमान था; तो रामजन्म भूमि मंदिर गिरा दिया। पर क्या बाबर ने उस जमीन के मालिक से वहाँ मस्जिद बनाने की इजाज़त ली थी ? जो नहीं ली थी तो ग़स्ब की हुई ज़मीन पर बनी हुई मस्जिद में नमाज़ पढ़ना क्या जायज़ है ? मौलवियों से मेरा यह सवाल है और मुझे आशा है कि वे लोग मेरा ईमान सुधारने के लिए कुरान और हदीस की रोशनी में मेरे इस सवाल का जवाब दें !

मेरा दूसरा सवाल यह है कि रामजन्म भूमि और बाबरी मस्जिद का किस्सा तो अब शुरू हुआ है, पंजाब की उन सैकड़ों मस्जिदों के बारे में क्या हुक्म है जो गुरुद्वारों और मंदिरों में तबदील हो चुकी हैं ? सैयद शहाबुद्दीन एंड कंपनी बाबरी मस्जिद के साथ-साथ उन तमाम मस्जिदों की वापसी की माँग क्यों नहीं करती ? क्या फरमाते हैं मौलवी हज़रत (हदीस और कुरान की रोशनी में !)।

मेरा तीसरा सवाल भी है। उन मस्जिदों की तरफ ऐक्शन कमेटी का क्या रवैया है जो न जाने कब से बेचिराग पड़ी हैं, जिनमें न जाने कब से न अजान दी गई है और न नमाज़ पढ़ी गई है। जिन मस्जिदों में इस्लाम की हवा के सिवा हर

हवा चल रही है !

और आखिरी सवाल यह कि जो हिंदू अपने मंदिरों के बदले मस्जिदें लौटाने की बात करें तो सैयद शहाबुद्दीन एंड कंपनी को क्या जवाब देना चाहिए ?

इन लोगों के पाँव के नीचे जमीन दलदली है कि इनके मुरीद झूठ के ओछे हथियार इस्तेमाल करने लगे हैं। मैंने यह कहा था कि बाबरी मस्जिद और राम जन्मभूमि मंदिर दोनों ही को गिरा देना चाहिए और वहाँ एक राम-बाबर पार्क बना देना चाहिए।

किसी सुलतानपुरी का ख़त

उर्दू लिपि में प्रकाशित होनेवाले एक कस्बैया समाचार-पत्र में किसी सुलतानपुरी (मज़रूह सुलतानपुरी नहीं) ने मेरे नाम एक ख़त छपवाया है कि मुझे अल्लाह से मुआफ़ी माँगनी चाहिए क्योंकि मैंने यह कहा कि बाबरी मस्जिद को गिरवाकर पार्क बनवा देना चाहिए। इसे आधा सच नहीं कहते हैं, सफेद झूठ। और यह कैसे मुसलमान हैं जो एक मुसलमान की बात का जवाब नहीं दे पाते तो उसके नाम से झूठ बोलते हैं कि सीधे-सीधे मुसलमान उसे संगसार करने के लिए तैयार हो जाएँ।

साहब मैं जान के डर से तो झूठ नहीं बोलूँगा।

प्रधानमंत्री श्री राजीव गांधी की समझ में यह बात आज (3 मार्च को) आयी है कि धर्म को राजनीति में प्रवेश करने की इजाज़त नहीं मिलनी चाहिए। प्रधानमंत्री ने यह बात यूँ ही कही जैसे धर्म दरवाज़े पर खड़ा 'मे आई कम इन, सर' कह रहा है...यदि प्रधानमंत्री वास्तव में यह चाहते होते तो मुसलमानों की सेकुलर राजनीति के रास्ते से हटाने के लिए और मुसलमान वोट बैंक ऑफ़ इंडिया पर कब्जा जमाने के लिए वह जेड.आर. अंसारी के कहे में आकर भारत के मुसलमानों को कठमुल्लाओं के हवाले न कर देते ! शाहबानो केस के फैसले के बाद कांग्रेस (ई) सरकार ने संसद के अंदर और बाहर, दोनों जगहों पर जो कलाबाजियाँ खाई हैं उन्हें सेकुलर हिंदुस्तान का इतिहास न भूल सकता है और न ही क्षमा कर सकता है।

तो आज प्रधानमंत्री जी को यह ख़्याल क्यों आया ? वह श्री मनमोहन देसाई की किसी फिल्म के हीरो नहीं कि जब चाहें और जो चाहें, कर गुज़रें, पब्लिक ताली बजाएगी। वह इस महान् सेकुलर देश के प्रधानमंत्री हैं। उनके भाषण लिखने चाहिए।

बहरहाल वह पहली बार मुझसे सहमत हुए हैं कि राजनीति में मज़हब को घुसपैठ की इजाज़त नहीं मिलनी चाहिए क्योंकि न भारतीय समाज किसी मज़हब की जागीर है और न ही भारतीय राजनीति।

उन सुलतानपुरी मित्र ने लिखा है कि मज़हब में दखल न दूँ। मज़हब में तो मैंने कभी दखल दिया ही नहीं, हाँ जब मज़हब मेरी सामाजिक ज़िंदगी में दखल देने लगता है तो मैं उसे ज़रूर टोकता हूँ।

हिंदुस्तान में धर्म का क्या हाल हो गया है उसका अंदाजा इससे लगाया जा सकता है कि वह श्री बाल ठाकरे जो मुसलमानों को गालियाँ देने से कभी नहीं चूकते; ज़ो मुसलमानों को विदेशी मानते हैं; जिनका ख़्याल है कि शिवाजी महाराज या मराठों की लड़ाई मुगलों से नहीं मुसलमानों से थी, वह बंबई कॉरपोरेशन के मेयर की कुर्सी शिवसेना को दिलाने के लिए मुस्लिम लीग से गठजोड़ करने की फ़िक्र में हैं।

कुर्सी की तमन्ना

बंबई के ईवनिंग न्यूज में सात फरवरी को यह खबर छपी थी कि :

पता चला कि विरोधी दलों की मिली-जुली इस कोशिश का जवाब देने के लिए कि शिवसेना का कोई आदमी मेयर न होने पाए, शिवसेना मुस्लिम लीग और (हाजी मस्तान की) दलित मुस्लिम सुरक्षा महासंघ से हाथ मिलाने के चक्कर में है।...शिवसेना के नेता प्रमोद नावलकर और मनोहर जोशी इस संबंध में मुस्लिम लीगी नेता जी.एम. बनातवाला, (एम.पी.) और सुरक्षा महासंघ के हाजी मस्तान से बातचीत शुरू कर चुके हैं। इन दोनों की सहायता से शिवसेना 170 सदस्यों की कॉरपोरेशन में 90 वोट प्राप्त करके अपने किसी आदमी को मेयर बना सकती है। (स्वतंत्र अनुवाद)

साहब यह धर्म मेरी समझ में नहीं आता। इसका मतलब तो यह हुआ कि धर्म गया तेल बेचने, हमें तो कुर्सी चाहिए।

भारत में धर्म को इसी संदर्भ में देखना चाहिए। तमन्ना जन्नत या स्वर्ग की नहीं है। तमन्ना है कुर्सी की ! कुर्सी जो आधुनिक भारत, भगवान और इंसान दोनों से बड़ी हो गयी है !

तो ऐसे भ्रष्ट वातावरण में मेरे मित्र सुनील दत्त की पदयात्रा से क्या होगा। पदयात्राओं की यह गांधीवादी परंपरा तो स्वयं गांधीजी के सामने झूठी पड़ गई थी। वह नवाखाली से पदयात्रा करके दिल्ली आए और मार डाले गए...जो यह नहीं चाहते कि हिंदू-मुसलमान या हिंदू-सिख एकता हो उनकी ताकत बहुत बड़ी है और यह लड़ाई दिलों की ही नहीं, यह लड़ाई है रोटी-रोजी की, नफ़े और नुकसान की। यह लड़ाई केवल आर्थिक ढाँचे के कुरुक्षेत्र में लड़ी जा सकती है। सेक्यूलरिज़्म कोई चिड़िया नहीं है कि कोई बहेलिया कंपे में लासा लगाके उसे फँसा लेगा। सेक्यूलरिज़्म सोचने का ढंग है, जीने का तरीका है ! और जब तक हम देश के आर्थिक और राजनीतिक ढाँचे में बुनियादी परिवर्तन नहीं करेंगे तब तक सांप्रदायिकता का भूत यूँ ही हमारी बेजुबान और बेबस सड़कों पर नाचता रहेगा। इसलिए प्रिय दत्त साहब आइए और धर्मों के खिलाफ एक मोर्चा बनाइए 'मानव सुरक्षा संघ'। लोगों को जमा कीजिए और मज़हबों को धक्के देकर मंदिरों, मस्जिदों और गुरुद्वारों के अंदर ढकेल दीजिए और उनसे कहिए कि रहना हो तो वहीं रहें। क्योंकि मज़हबों के न दिल

होता न दिमाग, और जो यह दोनों चीज़ें होतीं भी हों तो बहुत छोटी होती हैं···यह लड़ाई दृष्टिकोणों की हैं इसलिए धर्मों को सड़कों पर आने ही न दीजिए। असली लड़ाई यह है, पर इस लड़ाई में आपके प्रधानमंत्री आपका साथ नहीं देंगे। क्योंकि उन्हें चुनाव लड़ने हैं और चुनाव जीतने के लिए उन्हें धर्मों की सहायता चाहिए। पर राजनीति चूँकि आपका पेशा नहीं है इसलिए आप इस लड़ाई में हिस्सा ले सकते हैं। प्रधानमंत्री महोदय तो इक्कीसवीं शताब्दी के आने का मुहूर्त निकालने में लगे हुए हैं—वह भी कंप्यूटर पर।

परंतु यदि हम सिर्फ़ पदयात्राओं और नेशनल इंटिग्रेशन पर सेमिनार ही करने में लगे रहे तो समझ लीजिए कि सेक्युलरिज़्म के क्रियाकर्म की घड़ी दूर नहीं है। प्रधानमंत्री से कहिए कि कुछ करें—मेरा मतलब है मंत्रिमंडल में उलट-फेर करने और भाषण देने के सिवा भी कुछ करें।

क्या है देशभक्ति की परिभाषा !

अभी-अभी प्रधानमंत्री ने एक जगह नहीं, बल्कि तीन जगह एक बात कही कि यदि कोई क्षेत्रीय सरकार देश-विरोधी हरकत करती पकड़ी गई तो वे उस सरकार को तुरंत डिसमिस कर देंगे।

भारत का संविधान हर नागरिक को बोलने का अधिकार देता है और हमारे प्रधानमंत्री भारत के नागरिक तो हैं ही ! हाँ, यह अलग बात है कि हम इस पर सोचें कि वे कैसे नागरिक हैं ! हमारा संविधान हमें बोलने के साथ-साथ सोचने का अधिकार भी देता है…शायद ! यह और बात है कि हम अपने इस अधिकार को इस्तेमाल नहीं करते !

ये जो क्षेत्रीय सरकारें हैं, केंद्रीय सरकार की नौकर नहीं हैं कि प्रधानमंत्री उन्हें डिसमिस कर देंगे ! यह भी चुनी हुई सरकारें हैं और हो सकता है कि देशभक्ति की परिभाषा में दोनों एकमत न हों परंतु देशभक्ति की कोई 'दिल्ली छाप' परिभाषा नहीं हो सकती। इसलिए यह आवश्यक है कि पहले देश भर के पैमाने पर बात चलाकर यह तय कर लिया जाए कि वास्तव में देशभक्ति की परिभाषा है क्या ! यह भी तो हो सकता है कि देशभक्ति की सरकारी परिभाषा ठीक न हो ! क्या देशभक्ति की परिभाषा यह है कि हर नागरिक को प्रधानमंत्री का वफ़ादार होना चाहिए ? यदि देशभक्ति का मतलब यह है तो मैं देशप्रेमी नहीं हूँ। मैं अपने देश का वफ़ादार हूँ, प्रधानमंत्री का नहीं और अब से पहले मुझसे यह माँग किसी और प्रधानमंत्री ने की भी नहीं थी। और खासतौर से आज तो सरकार से वफ़ादारी का मतलब है भ्रष्टाचार से वफ़ादारी। तो क्या हम भ्रष्टाचार के वफ़ादार हो जाएँ ? मेरी समझ में यह तो आता है कि जो आपके साथ नहीं उसे आप अपना दुश्मन मान लें, हालाँकि यह बात भी ग़लत है लेकिन यह बात तो बिल्कुल ही ग़लत है कि जो आपके साथ नहीं वह देश का दुश्मन है। और यदि कोई यह माँग कर रहा हो तो इसका सीधा मतलब यह है कि उसकी राजनीति का आवाँ बिगड़ गया है। उसकी राजनीति का दूध फट गया है और मैं रहिमन की यह बात मानने वालों में से हूँ कि :

रहिमन फाटे दूध को मथे न माखन होय !

इसलिए या तो प्रधानमंत्री महोदय अपनी राजनीति बदलें नहीं तो लोग प्रधानमंत्री बदल देंगे।

अभी-अभी उनके एक मंत्री ने अपनी सुपुत्री का ब्याह किया है। कहते हैं कि इस ब्याह में कई करोड़ रुपये खर्च हुए। ज़ाहिर है कि जिसके पास खर्च करने के लिए इतने रुपये होंगे वही एक ब्याह में इतने रुपये खर्च करेगा जितने में सारे देश का ब्याह हो ज़ाए। पर इस ब्याह के लिए सड़कें किसने बनवायीं ? सड़कों पर रोशनी किसने लगवायी ? सरकारी कर्मचारी किसके हुक्म पर हाथ बाँधे वहाँ खड़े रहे ? हज़ारों लोगों को दिए जाने वाले डिनर में कितने लोगों के पेट भरने भर खाना जूठा होकर बचा और फेंका गया ? यह सवाल बहुत महत्त्वपूर्ण इसलिए है कि उस क्षेत्र में सूखा पड़ा हुआ है ! अब या तो इस ब्याह की ख़बर ग़लत है या फिर देश में पड़नेवाले सूखे की ख़बर दुश्मनों ने उड़ा दी है ! क्योंकि यदि देश में सूखा होता तो हमारे देशप्रेमी प्रधानमंत्री इस धूम-धड़क्के से अपनी बेटी का ब्याह करनेवाले रेलमंत्री को अब तक पैदल तो अवश्य बना चुके होते।

आंध्र प्रदेश के मुख्यमंत्री के पास दो हज़ार करोड़ की मिल्कियत है और बंगाल के एक केंद्रीय मंत्री, यह कहते पकड़े गए कि वह जल्द ही ज्योति बसु के भ्रष्टाचार का भाँडा फोड़नेवाले हैं ! प्रधानमंत्री सेक्यूलरिज़्म की बात करते हैं और उनका सरकारी दूरदर्शन जो रोज़ उनका एक-आध भाषण सुनवाता रहता है, मेरी बहू, पार्वती को यह हुक्म देता है कि वह अपने नाम के साथ अपने पति का नाम लगाना बंद कर दें क्योंकि इससे एक हिंदू की धार्मिक भावनाओं को ठेस पहुँचती है !...इस प्रधानमंत्री को देशभक्ति की बातें करने का क्या अधिकार है ? देशभक्त तो मैं हूँ क्योंकि एक ऐसे प्रधानमंत्री के बावजूद अपने देश से प्यार करता हूँ, क्योंकि कोई प्रधानमंत्री तो हमेशा के लिए नहीं है जबकि देश हमेशा के लिए होता है। पता नहीं प्रधानमंत्री को यह बात मालूम है या नहीं।

प्रधानमंत्री पहले उन विभागों की देशभक्ति तो देखें जो केंद्रीय सरकार के नीचे आते हैं ! प्रदेश सरकारों की देशभक्ति देखने के लिए तो अगला चुनाव मौजूद है। और यहीं एक बुनियादी सवाल भी उठेगा कि क्या प्रधानमंत्री उन वोटरों से ज़्यादा देशभक्त हैं जो उन्हें चुनते हैं ? क्या यह जनता की गद्दारी है कि वह लगभग हर चुनाव में प्रधानमंत्री की पार्टी के खिलाफ़ वोट दे रही है ?

अब चुनाव की बात निकल ही आई है तो एक मज़े की बात सुनिए। यह जो हमारा राष्ट्र है, उसके बंबई महानगर में एक चुनाव हुआ। बताने की ज़रूरत नहीं कि कांग्रेस (आई) वह चुनाव हार गई। कांग्रेस (आई) के लिए चुनाव हारना कोई नयी बात नहीं है। मजे की बात यह है कि स्वयं मुख्यमंत्री ने यह कहा कि

चुनाव हार न जाते तो क्या करते, क्योंकि पुलिस और सरकारी कर्मचारी शिवसेना का साथ दे रहे थे। स्वयं सर्वश्री बाल ठाकरे जी ने बंबई पुलिस का शुक्रिया अदा किया !···परंतु अभी तक सरकार ने पुलिस से कोई सवाल नहीं किया है। कहीं इसका मतलब यह तो नहीं कि आनेवाले चुनाव में सरकारी पार्टी शिवसेना से गठजोड़ करने का इरादा कर चुकी है ? यदि ऐसा हो गया तो मुझे कोई ताज्जुब नहीं होगा क्योंकि ये लोग देश नहीं बल्कि केवल कुर्सी जीतना चाहते हैं। इन लोगों के लिए कुर्सी का महत्त्व देश से कहीं ज़्यादा है। क्योंकि यदि ऐसा न होता सरकारी कांग्रेस ने सैयद शहाबुद्दीन, दिल्ली जामा मस्जिद वाले इमाम बुखारी, सुलेमान सेठ और बनातवाला जैसे कट्टरवादियों के हाथ हिंदुस्तान के मुसलमान को बेच न खाया होता। और यहाँ श्री बाल ठाकरे और लाहौर में इमाम बुखारी जो तक़रीर कर रहे हैं वह मैं भी जानता हूँ और प्रधानमंत्री भी। परंतु चक्कर यह है कि बोलने के जिस अधिकार का नाजायज़ इस्तेमाल प्रधानमंत्री कर रहे हैं उसी अधिकार का नाजायज़ इस्तेमाल ये लोग भी कर रहे हैं। तो बेचारी सरकार क्या करे ?

मुसलमान कट्टरवादियों में तो इस बीच कोई खास परिवर्तन नहीं हुआ है पर हिंदू कट्टरवादियों ने खासी तरक्की कर ली है। मिसाल के तौर पर श्री बाल ठाकरे अब रीज़नल से नेशनल हो गए हैं। अब वे मराठी भाषियों की एकता की बात नहीं करते कि यह नारा घिस-पिट चुका है और इस नारे की दूसरी खराबी यह है कि इस नारे की तलवार से वह मराठी मुसलमान, ईसाइयों, बौद्धों और दलितों को नहीं काट पा रहे थे तो उन्होंने अब हिंदू एकता का नारा लगाना शुरू किया है।

एकता बड़ी अच्छी चीज़ है परंतु यह हिंदू एकता मेरी समझ में नहीं आती। यह हिंदू एकता क्यों, किसके लिए और किसे खिलाफ़ ? यदि एकता का यह नारा, फिर भी, केवल धर्म संबंधी है तो मैं कुछ नहीं कहता क्योंकि मैं धर्म के चक्कर में पड़ता ही नहीं। परंतु यदि हिंदू एकता का यह नारा राजनीतिक है तो मैं इस नारे का विरोध करता हूँ क्योंकि मैं यह मानने को तैयार नहीं कि मेरा देश हिंदुस्तान हिंदू धर्म माननेवालों की मिल्कियत है और इसलिए केवल उन्हीं को देश के बारे में सोचने का अधिकार है। धर्म की आधारशिला पर खड़ी राजनीति केवल देश को तबाह ही कर सकती है।

इन हिंदू नेताओं की समझ में यह बात क्यों नहीं आती कि मेरा यह वतन, उम्र में, उनके धर्म से बहुत बड़ा है। मानव जाति के इतिहास में धर्म तो बहुत बाद में आता है। और जहाँ तक 'हिंदू' होने का ताल्लुक है इन हिंदू मंत्रियों को यह जानना तो चाहिए कि हिंदू तो सिंधियों का फ़ारसी नाम है ! और यदि ऐसा नहीं तो वे वेदों या पुराणों में इस शब्द का प्रयोग दिखलाएँ ! क्या श्रीकृष्ण ने गीता में कहीं हिंदू राज्य की बात की ? क्या वाल्मीकि ने रामराज्य को कहीं हिंदू राज्य कहा ? प्राचीन भारतवर्ष के लोग धर्म के आगे या पीछे कोई गुणवाचक नहीं लगाया करते

थे। तब तक यह धर्म जिसे मज़हब या रिलीज़न भी कहते हैं जनमा ही नहीं था। हमारे सारे देवी-देवता, हमारे सारे ऋषि-महर्षि उन्हीं युगों की देन हैं। यह उन दिनों की बात है जब मनुष्य धर्म अर्थात् मज़हब का अधीन नहीं हुआ था। व्यक्ति और समाज दोनों ही स्वतंत्र थे। धर्म के आगे या पीछे कोई गुणवाचक नहीं लगा था। परंतु जब धर्म व्याकरण के जाल में फँसा तो धीरे-धीरे व्याकरण धर्म को खा गया और केवल बेजान व्याकरण बचा...और व्याकरण तो मनुष्य का कल्याण नहीं कर सकता।...स्वयं भारत में पुराने शक्तिशाली धर्मों का हाल देख लीजिए। हिंदू धर्म के पास एकता की बात करने के लिए श्री बाल ठाकरे जैसे नेता रह गए हैं। इस्लाम के पास बनातवाला और शहाबुद्दीन साहिबान जैसे लोग !

बँटवारे की एकताएँ

कहने का मतलब यह है कि हमें हिंदू या मुसलमान एकता की जरूरत नहीं है क्योंकि यह एकताएँ तो बँटवारे की एकताएँ हैं। हिंदू एकता का मतलब यह है कि जो हिंदू नहीं वह इस एकता के चक्र के बाहर है...अर्थात् लगभग आधी आबादी बाहर रह गई। मुसलमान, बौद्ध, जैन,. ईसाई, सिख और वे हरिजन जिन्हें मंदिरों के भीतर जाने की आज्ञा नहीं है। अब इस विचारधारा को जरा आगे बढ़ाएँ तो प्रश्न यह उठता है कि इस अहिंदू आधी आबादी का क्या किया जाए। मेरे ख़्याल में तो इस अहिंदू आवादी को मार डालना ही पड़ेगा क्योंकि वह शायद आज उस तरह जीना स्वीकार न करे जिस तरह प्राचीन हरिजनों को जीने पर मज़बूर किया गया था।

नकारात्मक राजनीति

परंतु लगभग पैंतीस करोड़ लोगों को जान से मार डालने का काम मुझे ज़रा कठिन दिखाई दे रहा है। क्योंकि इतने को मारने के लिए जितने बड़े और जितने ज़्यादा गैस चैंबर्ज़ की ज़रूरत पड़ेगी वह हमारे आर्थिक ढाँचे के बस की बात नहीं है। तो बचा दूसरा कम ख़र्च और आसान तरीका कत्लेआम ! पर इस कम खर्च तरीके में एक बड़ा खोट यह है कि इसमें गंदगी बहुत होगी। क्योंकि लाशों को उठाएगा कौन ? ऊँची जाति के हिंदू तो यह घटिया काम करने से रहे ! नतीजा यह होगा कि लाशे सड़ेंगीं और लाशें सड़ेंगी तो भाँति-भाँति की बीमारियाँ फैलेंगी...इसलिए मेरी राय यह है कि जब तक हम लाशों को निबटाने का कोई तरीका न सोच लें तब तक के लिए हिंदू एकता की योजना को स्थगित कर दिया जाए और सैन्यवादी हिंदू नेताओं को बचे-खुचे हिटलरी लोगों के पास ट्रेनिंग के लिए भेज दिया जाए कि हमारे देश में आज भी 'फॉरेन रिटर्न' लोगों का बड़ा रोब पड़ता है।...

यह बात कितनी भयानक है कि जो बात राजीव गांधी से शुरू हुई थी वह बाल ठाकरे और शहाबुद्दीन तक आ गई। और इसी से बात का अंदाजा लगाने की

कोशिश कीजिए कि हमारी राष्ट्रीय राजनीति ने हमें कहाँ ला खड़ा किया है।...विचारों का क़द छोटा हो गया है। नारों का क़द छोटा हो गया है। हमारी राजनीति नकारात्मक होकर रह गई है। अब वह केवल विरोध कर सकती है परंतु विरोध से आगे का रास्ता उसे मालूम नहीं है।

अब एक बड़े शायर का छोटा-सा शेर सुनिए :

न सोचोगे तो मिट जाओगे ऐ हिंदोस्ताँ वालो
तुम्हारी दास्ताँ तक भी न होगी दास्तानों में।

अब भगवान केंद्रीय वेलफेयर मिनिस्टर बनेंगे

'इंडियन एक्सप्रेस' में एक बड़ी मज़ेदार ख़बर...नहीं मज़ेदार नहीं, शर्मनाक ख़बर छपी थी कि कांग्रेस (आई) देश की प्रगति, उन्नति, शांति और सलामती के लिए एक महापूजा करवाने जा रही है।

पूजा की बात मैं जरा बाद में करूँगा। पहले इस सवाल पर सोच लिया जाए कि इस महापूजा करवाने का मतलब क्या है ? क्या इसका मतलब यह नहीं कि कांग्रेस (आई) ने यह बात मान ली कि स्वयं उसने देश को भीतरी और बाहरी तबाही के उस दोराहे पर ला खड़ा किया है कि अब इस देश के राजनीतिक नक्शे, आर्थिक ढाँचे और सांस्कृतिक एकता को बचाए रखना उसके लिए संभव नहीं है; और इसीलिए अब वह भगवान के साथ एक मिली-जुली सरकार बनाने की टिप्पस भिड़ा रही है !

तो अगर मिली-जुली सरकार बनानी है तो भगवान को क्यों कष्ट दें ? ईमानदार राजनीति का धर्म तो यह कहता है कि यदि आप देश को नहीं सँभाल पा रहे हैं तो कुर्सी त्यागिए और चुनाव करवाइए।

परंतु मैं आज की स्थिति में चुनाव का जुआ खेलने से डरता हूँ। क्योंकि कांग्रेस (आई) के सिवा इस वक्त कोई और पार्टी ऐसी है नहीं जो संसद में बहुमत प्राप्त कर सके। और कांग्रेस (आई) भी भीतर से इतनी खोखली हो चुकी है कि वह इस त्यागपत्र का धचका नहीं सँभाल पाएगी और हो सकता है कि वह ढह जाए। हमारा देश कांग्रेस (आई) के टूटने को नहीं झेल पाएगा, इसलिए कांग्रेस और कांग्रेस सरकार को बचाना हमारे लिए जरूरी हो जाता है।

राष्ट्रीय चरित्र से विहीन पार्टियाँ

अब विरोधी दलों को लीजिए। भारतीय जनता पार्टी ! इसका कांग्रेस से कोई रिश्ता नहीं। यह खानदान ही दूसरा है। यह आर.एस.एस. की निवासी और जनसंघ की बेटी है और भारतवासियों को धार्मिक पहचान देती है। भारतीय मुस्लिम लीग भी जनसंघ की रिश्तेदार है, राष्ट्रीय पहचान से धार्मिक पहचान को बड़ा माननेवाली।

अकाली पार्टी ! जनसंघ और मुस्लिम लीग के खानदान की है। वह हिंदुस्तान के लिए नहीं सिखों के लिए है। तेलुगुदेशम ! इसका कोई धार्मिक चरित्र तो नहीं पर कोई राष्ट्रीय चरित्र भी नहीं है। यह तेलुगु पहले है और भारतीय बाद में। महाराष्ट्र की शिवसेना भी पंजाब की अकाली पार्टी जैसी एक पार्टी है। अकाली पंजाबी हिंदुओं को पंजाबी नहीं मानते, शिवसेना मराठी मुसलमानों को मराठी नहीं मानती ! तो यह भी एक अभारतीय पार्टी है। तो अब बची कम्यूनिस्ट और दूसरी वामपंथी पार्टियाँ और लोकदल तथा जनता पार्टी। ये पार्टियाँ किसी धर्म या क्षेत्र की पार्टियाँ नहीं हैं। ये पार्टियाँ हिंदुस्तान की पार्टियाँ हैं और पुरानी कांग्रेस की कोख से जन्मी हैं।

आज कांग्रेस पर बेईमानों का कब्जा है। इस वजह हिंदुस्तान की सलामती खतरे में पड़ गई है। चूँकि हिंदुस्तान की इकाई की सुरक्षा के लिए मुझे आज कांग्रेस सरकार के सिवा कोई और रास्ता दिखाई नहीं दे रहा है, इसलिए कांग्रेस विरोधी होने के बावजूद मैं कांग्रेस सरकार को बचाना चाहता हूँ और इसके लिए यहाँ तक जाने को तैयार हूँ कि कांग्रेस से निकली हुई तमाम पार्टियाँ कांग्रेस में लौट आएँ। कांग्रेस से बेईमानों और अवसरवादियों को निकालकर स्विस बैंक से उस झंडे को आज़ाद करवाएँ जिसकी छाँव में हमने स्वतंत्रता की लड़ाई लड़ी थी। हम एक आपात्काल से गुजर रहे हैं और यह आपात्काल किसी महापूजा की कैंची से नहीं काटा जा सकता।

इसलिए मैंने शुरू में जिस खबर की बात की थी वह खबर बोफोर्स, फेयरफैक्स और स्विस बैंक खातों से भी ज्यादा ख़तरनाक ख़बर है। मुझे किसी के हिंदू या सिख या ईसाई या मुसलमान होने पर कोई एतराज नहीं; यह तो अपने-अपने शौक की बात है। परंतु किसी सेकुलर देश का प्रधानमंत्री या राष्ट्रपति या मंत्री या गवर्नर या पुलिस कांस्टेबल या चपरासी हिंदू, मुसलमान, सिख या ईसाई नहीं हो सकता। उसे हिंदुस्तानी होने के सिवा कुछ और होने का अधिकार ही नहीं है। इसीलिए भारत सरकार अब भूमिपूजा करती है या नारियल तोड़ती है, तो मुझे बहुत बुरा लगता है। यदि वह दुरूद शरीफ पढ़े तब भी इतना ही बुरा लगेगा क्योंकि धर्म के आ जाने से उसकी निरपेक्षता मशकुल हो जाती है। इस भूमिका के साथ अब समाचार पढ़िए :

इस समाचार में कई बातें विचारणीय हैं कि यह पूजा प्रधानमंत्री करवा रहे हैं, कि इस पूजा के खर्च के लिए मंदिर को दस हजार रुपये दिए जा चुके हैं कि यह पूजा जल्दी होगी। और इसकी बुकिंग 14 मई को की गई जबकि सन् 1993 नक के लिए सारी डेटें पहले ही से बुक हो चुकी थीं।

मैं यह जानना चाहता हूँ कि यह पूजा राजीव गांधी करवा रहे हैं या प्रधानमंत्री ? ये दस हजार रुपये किसने दिए ? यदि यह पूजा प्रधानमंत्री करवा रहे हैं तो इसका खर्च भारत सरकार को उठाना चाहिए !

दूसरी बात एक्सप्रेस न्यूज सर्विस के साथ-साथ मैं यह भी जानना चाहता हूँ

कि पूजा की वर्षों लंबी कतार तोड़कर प्रधानमंत्री को माँगते ही फटाफट तारीख कैसे मिल गई ? मैंने तो यह सुन रखा है कि भगवान के घर देर है, अंधेर नहीं है !

और दुःखी मैं इसलिए हूँ कि हम राजनीति में इतने दीवालिए हो गए हैं कि भगवान को केंद्रीय वेलफेयर मिनिस्टर बनाने पर तैयार हो गए हैं।

हमने यात्रा कहाँ से शुरू की थी और आज कहाँ खड़े हैं। अपनी नासमझी, अपने भ्रष्टाचार, अपनी सांप्रदायिक सोच, क्षेत्रीयता के अंधकार, अपनी समझौतेबाजी के इतिहास की दलदल में गले-गले धँसे हुए।

हम अपने शहीदों को मुँह दिखलाने के लायक नहीं रह गए हैं क्योंकि हम निरे व्यापारी होकर रह गए हैं। धर्म, देश, कुछ भी बेचकर नफ़ा कमाने को तैयार।

भगवान से निवेदन

भगवान से मेरी यह विनती है कि वह प्रधानमंत्री की यह महापूजा स्वीकार न करें। और भगवान से मेरी यह माँग है कि वह मंदिर के उस ट्रस्टी को मंदिर से निकाल दें जिसने कतार तोड़कर प्रधानमंत्री को पूजा करने की आज्ञा दी है।

और मैं आज फिर अपनी वही माँग दुहराता हूँ कि धर्म को राजनीति में आने का मौक़ा न दीजिए। भारत को केवल सेकुलर राजनीति ही बचा सकती है। अपने मंदिरों, गिरजाघरों, गुरुद्वारों और अपनी मस्जिदों को हमारी ज़मीन से उठाकर अपने दिल में ले जाइए। भगवान, अल्लाह और रब की जगह दिल है···क्या आपके दिलों में उसके लिए जगह नहीं रह गई है ?

भारतवर्ष में आज धर्म से बड़ा कोई अधर्म नहीं है। भ्रष्टाचार और धर्म ! इन दोनों के नाखून हमारे समाज के गले में गहरे धँसे हुए हैं। हमारे समाज का ख़ून बहा जा रहा है। अगर जल्द ही कुछ न किया गया तो हम देखेंगे कि सारा ख़ून बह जाने के कारण हमारा देश और समाज मरा पड़ा है··· ।

भ्रष्टाचार और धर्म ! यह दोनों ही बहुरुपिए हैं। रोज नित नया यह रूप बदलते हैं। स्वयं कांग्रेस के अंदर सांप्रदायिकता, क्षेत्रवाद और जातिवाद के राक्षस भेष बदल छिपे बैठे हैं। हमें यह नहीं भूलना चाहिए कि संत भिंडरावाले कांग्रेस की भीतरी लड़ाई की देन थे। जैल-दरबारा तनाव में जैल सिंह ने यह कृपाण निकाली थी। इसी तरह श्री बाल ठाकरे को स्वर्गीय नायक जी ने डाँगे को हराने के लिए खड़ा किया था, कि मराठा क्षेत्रवाद के नाम पर मराठी मज़दूरों के वोट तोड़े जा सकें जो कम्यूनिस्ट पार्टी के बैलेट बॉक्स में पड़ा करते थे। आंध्र प्रदेश की तेलुगुदेशम संजय गांधी की देन है। आरिफ मोहम्मद खाँ को मंत्रिमंडल से निकालकर स्वयं राजीव ने मुसलमान और हिंदू कट्टरवाद का हाथ मजबूत किया है।

खोखली राजनीति का नमूना

इन घटनाओं या दुर्घटनाओं ने हमारी राजनीति के ढाँचे को खोखला कर दिया है और इस खोखलेपन का प्रतीक है राजीव गांधी की वह तकरीर जो उन्होंने पिछले दिनों बोट क्लब में की है जिसमें उन्होंने पाकिस्तान के माई-बाप यानी अमरीका को यह चेतावनी दी कि यदि उसने अपना रवैया न बदला तो हिंदुस्तान उसे ऐसा मुँहतोड़ जवाब देगा कि नानी याद आ जाएगी।

हिंदी भाषी होने के नाते मुझे राजीव गांधी को एक मुहावरे का सही प्रयोग करते देखकर बड़ी खुशी हुई, पर हर मुहावरा हर जगह नहीं बोला जा सकता। यदि यह मुहावरा प्रधानमंत्री के मुँह से निकले तो यह हल्की बात है। अमरीका की सैनिक ताकत को नानी याद दिलवाना तो हमारे लिए संभव भी नहीं है। मुझे लगता है कि हमारे फिल्म स्टारों की तरह उन्होंने भी संवाद पर अपनी कलम चलाई होगी। क्योंकि सरकारी भाषण लेखक ने तो बोट क्लब वाले भाषण में नानी याद दिलवाने वाला मुहावरा जरूर नहीं लिखा होगा। गुस्सा जवाहरलाल नेहरू को भी वहुत आता था और इंदिरा गांधी को भी; परंतु इन दोनों ने कभी किसी को नानी याद दिलवाने की धमकी नहीं दी थी।

हम पाकिस्तान या किसी भी देश से लड़ना नहीं चाहते। परंतु यदि हम पर आक्रमण हुआ तो हम अपनी सीमाओं, अपने आत्म-सम्मान और अपनी स्वतंत्रता के बचाव के लिए अवश्य लड़ेंगे। लेकिन हम किसी को उसकी नानी नहीं याद दिलवाएँगे। हम बड़ी पुरानी संस्कृति के उत्तराधिकारी हैं, बड़ी पुरानी और जीवित परंपराओं के वारिस हैं। हमारे प्रधानमंत्री को भाषण देते वक्त यह बात नहीं भूलनी चाहिए।

यह भूलें भी शायद इसीलिए होती हैं कि धर्मनिरपेक्ष देश का प्रधानमंत्री अपने राष्ट्रीय चरित्र को भूलकर कभी मुसलमान बन जाता है और मुस्लिम महिला कानून पास करता है, तो कभी हिंदू बनकर महापूजा करवाता है !

क्या उर्दू साहित्य ने सांप्रदायिकता से निकाह कर लिया है ?

वह 'इस्लामी ऐक्ट' तो आजकल सुप्रीम कोर्ट है, इसलिए मैं दिल की दिल ही में रहने देता हूँ। संसद तो इस्लाम, हिंदुस्तानी मुसलमान और हिंदुस्तान का अपमान कर चुकी ! अब देखा जाए कि सुप्रीम कोर्ट क्या करती है !

पर इसी संबंध में कुछ इधर-उधर की भी है। जैसे पिछले दिनों हैदराबाद में एक मुशायरा हुआ। उर्दू के मशहूर शायर अली सरदार ज़ाफरी, शहरयार, बशीर बद्र वगैरह इस मुशायरे में शरीक होने गए।

जो सुननेवाली भीड़ थी, उसे पता चल गया कि ज़ाफरी, शहरयार और बशीर बद्र उस 'सुलेमान सेठी बिल' के खिलाफ़ हैं; तो माँग की गई कि यह लोग कहें कि बिल पर इन लोगों ने राय बदल दी है। ...किस्सा मुख्तसर यह कि यह तीनों उस मुशायरे से निकाल दिए गए और श्री मलिकज़ादा मंजूर अहमद ने यह एलान कर दिया कि अब वह किसी ऐसे मुशायरे के संयोजक नहीं होंगे, जिसमें ज़ाफरी जैसे मुस्लिम महिला विधेयक के दुश्मन कवि बुलाए जाएँगे।

अच्छा, मज़े की बात यह है कि यह मलिकज़ादा मंजूर अहमद एक जमाने में प्रगतिशील लेखक हुआ करते थे...यह कैसी प्रगतिशीलता है जो हिंदुस्तानी मुसलमान और उसकी हिंदुस्तानी पहचान के बीच में दीवार की तरह खड़ी है। पर मैं तो यह सोच-सोचकर अल्लाह का शुक्र अदा करता हूँ और वह भी लाख-लाख कि उर्दू साहित्य में मलिकज़ादा जैसे लोग कोई हैसियत नहीं रखते; और दूसरी गजे की बात यह है कि यह सर्वश्री मलिकज़ादा मंजूर अहमद लखनऊ यूनिवर्सिटी में उर्दू साहित्य पढ़ाते हैं। इसीलिए मैं उस भूतपूर्व प्रगतिशील लेखक से यह पूछना चाहता हूँ कि क्या साहित्य ने मुसलमान सांप्रदायिकता से निकाह कर लिया है और अढ़ाई सौ साल की बूढ़ी पत्नी सेक्युलरिज़्म को तलाक दे दिया है।

उर्दू के दोस्तों को इस सवाल पर सोचना चाहिए अगर मैं मुशायरों में जाना न छोड़ चुका होता तो यह अवश्य एलान करता है कि जिस मुशायरे में मलिकज़ादा मंजूर अहमद होंगे उसमें मैं नहीं जाऊँगा। मुशायरों की सफलता कवियों के हाथों में है इसलिए एक तीसरे दर्जे के संयोजक को यूँ नखरा नहीं दिखाना चाहिए।

परंतु इस मुशायरे की कहानी यहीं ख़त्म नहीं होती। दूसरे दिन इक़बाल पर एक सेमिनार था। ज़ाफरी साहब भी उसमें मौजूद थे। और इस ऐक्ट के खिलाफ़ राय देने के जुर्म में वहाँ ज़ाफरी साहब को जूतों का एक हार पहनाया गया। ज़ाफरी साहब ने वह हार पहने-पहने इक़बाल पर तकरीर की और लोग कहते हैं कि वह बहुत अच्छा बोले।

लेकिन इस सिलसिले की सबसे दिलचस्प बात फिल्म स्टार दिलीप कुमार ने कही। जब उनसे पूछा कि उस बिल के बारे में उनका क्या ख़्याल है तो बोले कि मुल्क में रोजी-रोटी की समस्या है, पानी की भी कमी का सवाल है···इसलिए आज तलाक का सवाल उठाना ही नहीं है···न उन्होंने 'हाँ' कहा न 'ना'। फिर वह उठे और इनकम टैक्स वालों से बोले कि उन्होंने असमा जी को मेहर के जो तीन लाख दिये हैं उस पर टैक्स की छूट मिलनी चाहिए।

मुझे यह पता नहीं था कि इस्लाम शादी करने को 'पेशा' मानता है ! यदि ऐसा नहीं तो बनातवाला और उनके चेलों-चाटों ने उनकी इस हरकत पर बावेला क्यों नहीं मचाया ? और यह आदमी जो मेहर को प्रोफ़ेशनल-खर्च मानता तो उसे मुस्लिम यूनिवर्सिटी कोर्ट का मेम्बर कैसे चुन लिया गया ?

एक लतीफा याद आया। एक साहब रोज़ा नहीं रखते थे। पर इफ़तार करने बैठते थे, वे भी घड़ी देखकर। सहरी भी खाते थे। पूछा गया कि आप रोज़े तो रखते नहीं, फिर इफ़तार और सहरी पर इतना ज़ोर क्यों देते हैं ? तो वह बुरा मानकर बोले, क्या मतलब है साहब ! रोज़ा नहीं रखता तो इफ़तार भी न करूँ। सहरी भी न खाऊँ !

लगता है कि हिंदुस्तान में इस्लाम ऐसे ही मुसलमानों के हाथों में आ गया है जो रोज़े नहीं रखते मगर इफ़तार करते हैं।

हिंदुस्तानी मुसलमानों को इन 'इफ़तारी' मुसलमानों से बचाना हर हिंदुस्तानी का फ़र्ज़ है।

दिल्ली सरकार हिंदुस्तानी मुसलमानों को उनकी पहचान देने की जगह उन्हें कट्टरपंथियों की झोली में डालने की कोशिश कर रही है।

कांग्रेस (आई) का यह उथला यथास्थितिवाद इस देश का सबसे बड़ा दुश्मन है। यह कांग्रेसी अवसरवाद हिंदुस्तान को हिंदुस्तान नहीं रहने देगा। कुछ मुसलमान कट्टरपंथियों की पीठ ठोंककर कांग्रेस वास्तव में हिंदू फासिज़्म को ताकतवर बना रही है। मुझे तो लग रहा है कि कांग्रेस (आई) आर.एस.एस. की शाखा बनती जा रही है···अर्थात् स्वागत है सांप्रदायिकता का···

भारत के बुद्धिजीवियों को यह बताना पड़ेगा कि वे महालक्ष्मी के इस पुल के किस तरफ़ हैं ?

अधिकार या बेईमानी करने की खुली छूट !

पिछले दिनों उत्तर प्रदेश के भूतपूर्व मुख्यमंत्री होनेवाले श्री वीर बहादुर सिंह ने संजय सिंह को सरकार तथा सरकारी पार्टी से निकालने और निकलवाने के बाद एक बड़ा ही मजेदार बयान दिया कि संजय सिंह पुराने पापी यानी बेईमान हैं और उनके खिलाफ़ कोई कार्रवाई केवल इसलिए नहीं की गई थी कि वह राजीव गांधी के खास आदमी हैं ! यानी मतलब यह निकला कि भारतवर्ष में केवल राजीव गांधी के आदमियों को बेईमानी करने का अधिकार या खुली छूट है !

इससे भी ज़्यादा मज़े की बात यह है कि पत्रकार दोस्तों ने वीर बहादुर सिंह के इस बयान की तरफ़ ध्यान ही नहीं दिया। यानी उन्हें जितना चौकस समझा करता था वे उतने चौकस नहीं हैं। वे केवल आँख का शहतीर देखते हैं और उन्हें दूध में पड़ी मक्खी दिखाई नहीं देती।

वीर बहादुर सिंह का यह बयान भ्रष्टाचार की तरफ़ भारत सरकार के रवैये को साफ़ करता है। सीधा पैगाम है कि जिसके सैंया कोतवाल हैं उसे डर काहे का ! इसलिए यदि कोई बड़े पैमाने पर बेईमानी करना चाहता है तो कांग्रेस (आई) के दरवाज़े उसके लिए एकदम खुले हुए हैं, शर्त सिर्फ़ यह है कि उसे राजीव गांधी की हाँ में हाँ मिलानी पड़ेगी !

वे लोग कैसे जिएँ ?

तो इस चौखटे में वे लोग कैसे जिएँ जो बेईमानी करना नहीं चाहते ?

तो इसका मतलब यह हुआ कि बेईमानी की सरकारी परिभाषा बदल गई है। हमारी राजनीति नमक की खान हो गई है कि जो जाता है गल जाता है ! थोड़े दिनों पहले तक लगता था कि शायद वामपंथी राजनीति इस दलदल में न धँसे। परंतु यह मूर्ति भी कच्ची निकली और टूट गई। मुझे यह भरोसा हो चला था कि अपनी गलत सोच की आँच में कम-से-कम दोनों कम्युनिस्ट पार्टियाँ तो नहीं पिघलेंगी।

सी.पी.आई. ने बड़ी ही ख़तरनाक बात कही है जिसका परिणाम बहुत ज्यादा ख़तरनाक हो सकता है। और जिसका परिणाम हम चालीस साल पहले भुगत भी

चुके हैं···देश का बँटवारा ! सी.पी.आई. का कहना है कि कोई भारतीय राष्ट्रीयता नहीं है बल्कि यह एक पंचमेल देश है, जिसमें एक से ज़्यादा कौमें रहती हैं। और जो यदि देश से निकलना चाहें तो उन्हें यह अधिकार मिलना चाहिए। यदि यह सच है तो पाकिस्तान ठीक बना। यदि यह सच है तो फिर हिंदुस्तान कोई देश ही नहीं। और यदि हिंदुस्तान कोई देश ही नहीं तो सी.पी.आई. सिख आतंकवाद के ख़िलाफ़ क्यों लड़ रही है ?

यह बात और दिलों में भी हो सकती है। यदि लालडेंगा ने कुर्सी का चारा न निगल लिया होता तो वह भी यही चाहते थे। असम में जो देशी-विदेशी प्रश्न एक ख़ंजर की तरह दिलों में उतरा हुआ है वह भी इसी हाथ में है। तमिलनाडु में भी यह हवा चल रही है। महाराष्ट्र में मराठी-गैरमराठी तनाव मौजूद है। हर क्षेत्र दूसरे क्षेत्रों से दो-दो गज़ जमीन के लिए लड़ रहा है।···और इन बातों का नतीजा श्री बाल ठाकरे ने यह निकाला कि भाषाओं की सीमाएँ तोड़कर भारत को 'एक हिंदू राष्ट्र' बना देना चाहिए। बाल ठाकरे साहब की इस कूद ने विश्व रिकार्ड तोड़ दिया ! वह एक ही 'जंप' में मराठी हिंदू से हिंदुस्तानी हिंदू हो गए। और शायद इस हिंदू भारत के पहले प्रधानमंत्री भी वही होंगे।

ध्यान रहे कि यह काका हाथरसी की हास्य कविता नहीं है कि आप हँसकर चुप हो जाएँ। यह बातें हमारे और आपके देश के बारे में हो रही हैं। ठाकरे जी शायद कुछ दिनों बाद यह बताने का कष्ट भी उठाएँ कि यहाँ तो 24-25 प्रतिशत दूसरे धर्मों के माननेवाले हैं, उनके विषय में उन्होंने क्या सोचा है। हिटलर ने एक राह निकाली तो थी पर वह उसमें बहुत सफल नहीं हुआ। इन 24-25 प्रतिशत लोगों का सवाल भी जुड़ा हुआ है।···अब 50-52 प्रतिशत लोगों को मार डालना तो शायद संभव नहीं हो सकेगा। लेकिन सोचने में क्या नुकसान है !···

भारतवर्ष की ज़रूरत

मैं आज यह सवाल इसलिए उठा रहा हूँ कि यह तो देखिए कि देश में कैसी-कैसी हवाएँ चल रही हैं। ये हवाएँ राजनीति की पतंगबाजी के लिए ठीक नहीं हैं। यदि आप बेईमानी करना चाहते हैं, घूस खाना चाहते हैं, बोफोर्स से कमीशन खाना चाहते हैं, प्रधानमंत्री या मुख्यमंत्री बनना चाहते हैं तब भी आपको एक भारतवर्ष की ज़रूरत है। इसलिए इसे टूटने से बचाना और इसके सेक्युलर व्यक्तित्व की रक्षा करना हमारा फ़र्ज़ है।

और अब एक कविता सुनिए। शीर्षक है : छाँव बेचनेवाले

नारियल के पेड़ों की छाँव बेचनेवालो
बरगदों को मत काटो

पीपलों को रहने दो
इमलियों को मत छेड़ो।
इनकी पत्ती-पत्ती पर धूप पर सुखाती है।
इनकी पत्ती-पत्ती पर
सुबह अपनी उँगली से
अपनी राम लिखती है।··
इनकी डाली-डाली पर दिन क़याम करता है।
सुबह शाम करती है।
चाँद के कटोरे में भर के मेह्बो शबनम,
आइना बनाती है।
रात पर चलाती है अपने अक्स का जादू,
खुद भी राम होती है,
शब को राम करती है।
नारियल के पेड़ों की छाँव बेचनेवालो,
बरगदों को मत काटो··
इस जगह उतरते हैं क़ाफ़िले बहारों के
इस ज़मीं पे खिलते हैं फूल इंतज़ारों के
पेड़ ख़ाकसारों के
इस ज़मीं पे मत छींटो बीज इश्तिहारों के
क़ाफ़िले बहारों के इस जगह उतरते हैं··

यह जुदाई की खेती कब तक ?

ईमान की बात यह है कि मैं इस बार राजनीति की बात नहीं करूँगा क्योंकि मेरे या मुझ जैसे कुछ लोगों के बोलने या न बोलने से क्या होता है। बस यह सोचकर दिल की भड़ास निकालता रहता हूँ कि :

ख़त्म होंगे नहीं हमसे दिलों के फासले,
फिर भी हम इन फासलों को कुछ तो कम करते चलें।

पर दिखाई यह दे रहा है कि दूरियाँ तो कम होने की जगह बढ़ती ही जा रही हैं। मेरी समझ में नहीं आता कि हमारे छोटे-छोटे नासमझ दिलों में इतनी बड़ी-बड़ी नफ़रतों के लिए जगह कैसे निकल आती है। दिल एक गुब्बारा है जिसमें हम अपने डरों, अपने शकों और अपनी नफ़रतों की हवा भरते चले जा रहे हैं…जिस दिन यह गुब्बारा फटेगा, उस दिन क्या होगा।

इसलिए आइए आज आपको अपने दिल की एक छोटी-सी बात बता दूँ। हमारी क्रिकेट और हमारी राजनीति ऐसी जुड़वाँ बहने हैं कि क्रिकेट को हटाकर राजनीति को बिठा दें तो कोई पहचान ही न सके। हमारे प्रधानमंत्री की तरह हमारी क्रिकेट टीम का कप्तान भी सोचने के बहुत खिलाफ़ है। वह भी वहाँ कपिलदेव की तरह कोई फील्डर नहीं लगाता जहाँ विरोधी गेटिंग या गूच स्वीप द्वारा चौके पर चौके मार देते हैं। हमारा प्रधानमंत्री भी कपिलदेव की तरह अपने मनिंदरों और शास्त्रियों से यह नहीं कहता कि लेग स्टंप के बाहर से गेंद को अंदर की तरफ न लाओ क्योंकि खेल के नए कानूनों के अनुसार ऐसी गेंदों पर कोई खिलाड़ी अब एल.बी.डब्ल्यू. नहीं होगा। कपिल ही की तरह राजीव गांधी भी यह नहीं देखते कि विरोधी कप्तान ने फील्डिंग बदली है और एक ऐसे गेंदबाज से गेंद फिंकवाने जा रहा है, जिसकी गेंदों पर छक्के मारने को जी ललचाएगा और छक्के मारने के लालच में कैच आऊट होने का डर है…। तो साहिबो हमारी फौज़ें आज श्रीलंका में वहाँ के राष्ट्रपति की लड़ाई लड़ रही हैं और श्रीलंका की फौज़ें आराम कर रही हैं।

तो भाइयो कपिलदेव से हमारी क्रिकेट और राजीव गांधी से हमारी राजनीति

का पिंड जितनी जल्द छूट जाए उतना ही अच्छा है। पर जिस तरह वर्ल्डकप के बीच में कप्तान को नहीं बदला जा सकता था उसी तरह बीच में प्रधानमंत्री को भी नहीं बदलना चाहिए। पर अब क्रिकेट कंट्रोल बोर्ड और वोटरों दोनों के सोचने का समय आ गया है।

पर वास्तव में जो बात मैं आज कहना चाहता हूँ वह यह है कि मैं सेमीफाइनल में हिंदुस्तान और पाकिस्तान, दोनों के हार जाने से बहुत खुश हुआ हूँ। क्योंकि अगर फाइनल में इन दोनों टीमों का सामना हुआ होता तो दोनों में से कोई एक दूसरे को हरा ही देता···तब क्या होता ? पाकिस्तान हारता तो कराची में जबरदस्त दंगा होता और हिंदुस्तान से हार जाने का गुस्सा हिंदुस्तानी शरणार्थियों पर उतारा जाता और पता नहीं कितने लोग मारे जाते। और जो कहीं हिंदुस्तान पाकिस्तान से हार जाता तो यहाँ तो कयामत ही आ गई होती।

सुना है कि ऑस्ट्रेलिया से पाकिस्तान की हार पर बंबई के सांताक्रूज (पूरब) में शिवसेना ने बड़ा जश्न मनाया और इंग्लैंड से हिंदुस्तान की हार पर बंबई के आमदीपाड़ा और गुजरात-अहमदाबाद के मुसलमानों ने पटाखे छोड़े कि हिंदुस्तान हार तो गया चाहे किसी से हारा हो···हालाँकि पाकिस्तान से हारा होता तो उस खुशी की बात और ही होती।

दंगों के जिम्मेदार

पता नहीं सुलेमान सेठ, बनातवाला, शाही इमाम बुखारी और सैयद शहाबुद्दीन एंड कंपनी को इन क्रिकेट छाप दंगों की खबर मिली तो वह खुश हुए या दुखी। पर मैं इन्हीं लोगों को इन दंगों का जिम्मेदार ठहराता हूँ। इन लोगों के अवसरवादी कट्टरपन ने हिंदुस्तानी मुसलमानों के दिलों में जुदाई के अंकुर को जिंदा रखने में बड़ी मेहनत की है।

हिंदुस्तान की हार पर पटाखे छोड़ना बड़ी बेहया, देशद्रोही और इस्लाम विरोधी हरकत है और हर मुसलमान, और खासतौर पर हर हिंदुस्तानी मुसलमान को डटकर इस हालत का मुकाबला करना चाहिए। जो हम यूँ ही जुदाई की खेती करते रहे तो सोचिए कि हमारे बच्चे कौन-सी फसल काटेंगे।

मुसलमानों के इस वर्ग द्वारा चलाई जा रही हिंदुस्तान की दुश्मनी को बेनकाब करना चाहिए। खतरे की घंटी तो तभी बज गई जब श्रीनगर में होनेवाले हिंदुस्तान-पाकिस्तान क्रिकेट मैच में कश्मीरी जनता पाकिस्तान का साथ दे रही थी और अपनी टीम को हूट कर रही थी। पर हमारी राजनीति जरा ऊँचा सुनती है।

क्रिकेट या हॉकी में राष्ट्रीय टीम की हार कोई बाबरी मस्जिद नहीं है जिस पर हिंदू फासिज़्म ने अदालत को धमकाकर कब्ज़ा कर लिया हो। न हिंदुस्तान की हार इस्लाम की जीत है न पाकिस्तान की हार इस्लाम की हार। तो हिंदुस्तान के

शहरी मुसलमानों का एक अच्छा-खासा बड़ा हिस्सा हिंदुस्तान की हार पर ईद और पाकिस्तान की हार पर मुहर्रम क्यों मनाता है ? मैंने तो आज तक किसी मौलाना बुखारी उर्फ शाही (?) इमाम या सैयद शहाबुद्दीन या जेड.आर. अंसारी किस्म के मुसलमानों को इस समस्या पर सोचते या बोलते न देखा न सुना। यह जो हमारी सेक्यूलर पार्टियाँ हैं जैसे दोनों कम्युनिस्ट पार्टियाँ, जनता पार्टी, लोकदल--चलिए कांग्रेस (आई) को भी गिन लीजिए--ये पार्टियाँ हिंदुस्तानी मुसलमानों के एक हिस्से के इस रवैये के बारे में चुप रहती हैं। क्यों ? क्या इसीलिए कि मुस्लिम वोट बैंक ऑफ़ इंडिया में उनके खाते बंद न हो जाएँ ?

मुनासिब कार्रवाई ?

मेरी समझ में यह नहीं आता कि चुनाव देश से ज़्यादा महत्त्वपूर्ण कैसे हो सकता है ? पर मेरी समझ में तो और भी बहुत-सी बातें नहीं आतीं। जैसे मेरी समझ में यह नहीं आता कि कुछ हिंदुओं को 'नई दिशाएँ' टी.वी. सीरियल में काम करनेवाली एक लड़की के नाम पर एतराज करने का क्या हक है ? उस लड़की का नाम पार्वती खान है। कुछ हिंदुओं ने दूरदर्शन को लिखा है कि पार्वती एक देवी का नाम है और इसलिए उन्हें इस नाम के साथ 'खान' का मेल अच्छा नहीं लगता। सुना है कि दूरदर्शन ने इस सिलसिले में उस टी.वी. सीरियल के प्रोड्यूसर विवेक वासवानी को ख़त भी लिखा है जिसमें शायद यह लिखा है कि वह इस सिलसिले में 'मुनासिब' कार्रवाई करें। क्या इसका मतलब यह है कि मैं अपनी बेटी का नाम गंगा नहीं रख सकता। क्या इसका मतलब यह है कि अगर कोई हिंदू लड़की मुसलमान हुए बिना किसी मुसलमान से ब्याह कर ले तो हिंदू उससे उसका पुराना नाम छीन लेंगे और दूरदर्शन इस सिलसिले में उन हिंदुओं का साथ देगा।

यह पार्वती खान मेरी बहू है। और उस शादी के सिलसिले में मैंने यह शर्त लगाई थी कि लड़की मुसलमाना नहीं की जाएगी। वह आएशा फ़ातिमा जैनब या इसी तरह के किसी और नाम वाली लड़की रही होती तो यह झगड़ा खड़ा न हुआ होता। तो क्या दूरदर्शन और हिंदू यह चाहते हैं कि अगर इस तरह की कोई शादी हो तो लड़की अपना धर्म बदल लिया करे ?

इसी तरह श्री समर गुहा संसद सदस्य ने 12.11.87 को कलकत्ते में टी.वी. सीरियल 'रामायण' की जिस तरह प्रतिरक्षा की है वह भी मेरी समझ में नहीं आई। मैं उस सीरियल के बारे में अभी राय नहीं दे रहा हूँ, पर श्री रामानंद सागर ने इस सीरियल द्वारा समाज में औरतों की जो जगह बनाने की कोशिश की है उसका हिंदू विचारधारा, हिंदू विज्ञान या रामायण से कोई ताल्लुक नहीं है। वह इस सीरियल द्वारा हिंदू औरतों से यह कह रहे हैं हिंदू समाज में उसकी अपनी कोई जगह नहीं। वह किसी की बेटी है या किसी की पत्नी पर अधीन ही।...यह रामानंद सागर के विचार

हो सकते हैं परंतु वाल्मीक या तुलसीदास पर इन विचारों का आरोप नहीं लगाया जा सकता। 'महाभारत' और 'रामायण' दोनों ही हमारी विरासतें हैं पर इन विरासतों को यूँ अपने निजी कट्टरवाद का माध्यम बनाना चाहे बेईमानी न हो, पर ईमानदारी भी नहीं है।

लेकिन अखिल भारतीय हिस्ट्री कांग्रेस के अध्यक्ष प्रो. (डॉ.) इरफ़ान हबीब ने टी.वी. सीरियल 'बहादुरशाह' पर जो एतराज किया है वह बहुत हल्का, छिछोरा और नासमझी का है। इस सीरियल ने कभी यह दावा नहीं किया कि वह 'इतिहास' है। और यूँ भी इतिहास कांग्रेस वालों की बपौती नहीं है। आरोप यह भी है कि यह सीरियल सेक्यूलरिज़्म या राष्ट्रीय विचारधारा के विरुद्ध है। सेक्यूलरिज़्म की राष्ट्रीय विचारधारा है क्या ?···मैं कभी यह सोच नहीं सकता था कि जो लोग अपने को प्रगतिशील इतिहासकार कहते और समझते हैं वह ऐसी बचकानी बात कह कैसे सकते हैं। क्योंकि यदि बहादुरशाह जफ़र सेक्यूलर नहीं तो इसका मतलब यह हुआ कि हिस्ट्री कांग्रेस के सदस्य सेक्यूलरिज़्म का मतलब ही नहीं जानते।

यह इतिहास नहीं साहित्य की सीमाएँ हैं। और साहित्य के बारे में मैं इरफ़ान हबीब से ज्यादा जानता हूँ। क्योंकि मैं पिछली सदियों में नहीं अपनी सदी में ज़िंदा हूँ। इतिहास वर्तमान को समझने में हमारी मदद करता है···वर्तमान में दखल नहीं देता। 40 बरस से लगातार मैं कट्टरवाद के खिलाफ़ लड़ रहा हूँ। मैं स्वयं इतिहास हूँ और मुझे इरफ़ान हबीब के सर्टिफिकेट की ज़रूरत नहीं है और वामपंथ सी.पी. आई. (एम) की बपौती भी नहीं है।

'बहादुर जफ़र' में हम लोग इतिहास से बहस नहीं कर रहे हैं। हम लोग कट्टरतावाद के खिलाफ़ एक बयान दे रहे हैं और अपने इस बयान में हमने इतिहास से केवल कुछ नाम लिये हैं, कुछ ढाँचे जिन पर हमने नया गोश्त-पोस्त चढ़ाया है।

हिस्ट्री कांग्रेस वालों से मुझे इस नासमझी की उम्मीद नहीं थी। उनका यह एतराज पढ़कर मुझे लगा कि इतिहासकार भी उन एस.एम.सागर ही जैसे हैं जिन्होंने बहादुरशाह जफ़र पर यह एतराज किया है कि इस सीरियल में मैंने बहादुरशाह को कुर्सी मेज लगवाकर खाना खिलवाया है। यह एस.एम. सागर फिल्म प्रोड्यूसर और डायरेक्टर होने के साथ-साथ अशोक कुमार के सेक्रेटरी भी हैं। अनिल धारकर तो एस.एम. सागर से भी एक कदम आगे बढ़ गए। उन्होंने पहली ही किस्त देखने के बाद यह समीक्षा लिखी कि इसमें खाने की बातों के सिवाय कुछ नहीं, जबकि पहली किस्त में खाने का जिक्र ही नहीं है। टाइम्स ऑफ़ इंडिया वाले खालिद मुहम्मद ने भाषा पर एतराज किया और यह पूछा कि इस सीरियल में आखिर कौन-सी भाषा इस्तेमाल की गई है—कहने का मतलब यह है कि प्रो. (डॉ.) इरफ़ान हबीब बहुत बुरी सुहबत में हैं। बड़े मामूली और नावाकिफ़ लोगों की सुहबत में जा बैठे हैं और यह मुझे अच्छा नहीं लग रहा है क्योंकि मैं उनकी बड़ी इज़्ज़त करता हूँ।

हिंदुस्तान के नक्शे में हिंदुस्तान नहीं है !

कल मैं हिंदुस्तान का नक्शा देख रहा था और तब मुझे बड़ा आश्चर्य हुआ जब घंटों दीदे फोड़ने के बाद भी हिंदुस्तान के नक्शे में मुझे हिंदुस्तान नहीं दिखाई दिया, और तब मैंने सोचना शुरू किया कि वास्तव में हिंदुस्तान नाम का कोई देश है, या कभी था ?

याद आया कि 1947 तक तो हिंदुस्तान नाम का एक देश हुआ करता था। चंद्रशेखर, भगत सिंह, बिस्मिल, अशफ़ाकुल्ला वगैरा ने भी मुझसे यही कहा। जलियाँवाला बाग की दीवारें भी कसम खाने लगीं। पूरा स्वतंत्रता संघर्ष आस्तीनें चढ़ाकर खड़ा हो गया कि भारत नाम का एक देश है। मैंने नक्शा खोलकर सामने रख दिया और कहा—है तो दिखाओ ! और सारे स्वतंत्रता सेनानी और पूरा स्वतंत्रता-संघर्ष सर झुका के चुप···क्योंकि नक्शे में तो हिंदुस्तान कहीं नहीं था। पंजाब, सिंध, गुजरात, मराठा, द्राविड़, उत्कल, बंग···नक्शे पर सभी मौजूद थे, नहीं था तो सारे जहाँ से अच्छा हिंदोस्तां हमारा।

यदि मैं कोई जासूसी उपन्यासकार होता तो 'केस ऑफ़ ए मिसिंग कंट्री' नाम का एक उपन्यास अवश्य लिखता।

मैंने सोचा पुलिस में रपट लिखवाऊँ कि तिरंगी शर्ट पहने हुए एक देश गायब हो गया है जो अपना नाम भारत दैट इज़ इंडिया बताता है। फिर यह सोचकर रुक गया कि हवलदार 20/-रपट लिखाई माँगेगा और देश इतना महत्त्वपूर्ण भी नहीं होता कि उस पर गाढ़ी या पतली कमाई के 20/- उड़ा दिए जाएँ।

परंतु यह समस्या तो फिर भी खड़ी है कि वह सारे जहाँ से अच्छा हिंदोस्तां हमारा गया कहाँ ? कन्याकुमारी से हिमालय तक फैला हुआ वह देश कहाँ है ? नक्शे पर कन्याकुमारी भी है और हिमालय भी; पर बीच में सन्नाटा है। चंडीगढ़ पंजाब में है। आमची बंबई महाराष्ट्र में। बेलगाँव कर्नाटक में है (या शायद महाराष्ट्र) में ! भाषाएँ इस देश के बदन से यूँ गुजर रही हैं जैसे साबुन से तार गुज़रे···ये भाषाएँ हैं या चौदह जबानों वाला एक साँप है जो मेरे देश को निगल गया···

यदि आज भूगोल के किसी पर्चे में यह सवाल आए कि चंडीगढ़, श्रीनगर,

बंबई, बंगलूर, मद्रास, हैदराबाद, लखनऊ वगैरा कहाँ हैं तो कोई विद्यार्थी यह जवाब नहीं देगा कि ये शहर हिंदुस्तान में हैं। जवाब यह मिलेगा कि चंडीगढ़ पंजाब में है, श्रीनगर कश्मीर में, बंबई महाराष्ट्र में है और बंगलूर कर्नाटक में।

तो फिर हमारी पहचान क्या है ?

हम हिंदू, मुसलमान, सिख, ईसाई हैं। हम ब्राह्मण, क्षत्रिय, वैश्य या शूद्र हैं। हम पंजाबी, मराठी, उत्तर प्रदेशी, तेलगूदेशी भी हैं। पर नहीं हैं तो हिंदुस्तानी।

इसीलिए मैं आज आपको अपने एक डर में शरीक करना चाहता हूँ। हिंदुस्तान में हिंदुस्तानी लगभग ख़त्म हो चुके हैं और जो थोड़े बहुत रह गए हैं वे भी धीरे-धीरे ख़त्म हो जाएँगे। इसीलिए आवश्यक है कि उन्हें किसी रिजर्व जंगल में छोड़ दिया जाय और उनके शिकार पर कड़ी पाबंदी लगा दी जाय या फिर हिंदुस्तानियों का एक-एक जोड़ा दुनियाभर के चिड़ियाघरों को भेज दिया जाय ताकि दुनिया यह तो न भूले कि हिंदुस्तानी होते कैसे हैं।

हिंदुस्तानी बड़े सख़्त जान होते हैं। परंतु अकेली सख़्त जानी कोई अच्छी बात नहीं है। हमारे भक्तिवाद और सूफीवाद ने हमारी खाल मोटी कर दी है और नतीजे में हम सख़्त जान हो गए हैं। इसलिए यह आवश्यक है कि हम यह पुरानी खाल खुरच-खुरच के साफ करें और एक नयी खाल उगाएँ—नर्म, पतली और जीवित खाल और कोई ऐसा साबुन ईजाद करें जो धर्मवाद, जातिवाद और क्षेत्रवाद के कीटाणुओं को मार सके। क्योंकि मुझे लगता है कि राष्ट्रीय और एकता का 'प्रासेस' रुक गया है।

हमारी राजनीतियाँ हिंदुस्तानी कम और खानदानी ज़्यादा हैं। इसलिए देश की अखंडता के बचाव के सिलसिले में राजनीति की तरफ़ देखने से कोई फ़ायदा नहीं। तो हिंदुस्तानियों ही की तरफ़ देखना पड़ेगा क्योंकि जिस देश का नाम हिंदुस्तान है उसे महाराष्ट्रवाले या कर्नाटकवाले क्यों बचाएँ ? वह तो खुद अपनी सीमाओं के बारे में चिंतित हैं। बुद्धिजीवी ? वह है कहाँ ? हर बुद्धिजीवी अपना ज़मीर अपने पेट में रखे घूम रहा है। तो हम जैसे टटपुंजियों को ही कुछ करना पड़ेगा।...

पहले हमें बुनियादी सवालों को उठाकर देखना चाहिए :

1. रोटी-रोजी का सवाल ज़्यादा महत्त्व नहीं रखता क्योंकि इस समस्या को लेकर दंगे नहीं होते।
2. यह देश अंदर से टूट चुका है। इसे क्षेत्रों के आधार ने तोड़ा है। फिर जन-हरिजन ने तोड़ा है, फिर धर्म-निरपेक्ष भारत को धर्मों ने तोड़ा है, इसलिए अल्पसंख्यक संप्रदाय और बहुसंख्यक संप्रदाय के भूत हमारे दिलों में नंगे नाच रहे हैं। पर अल्पसंख्यक संप्रदाय है कौन ? मुसलमान ? वह कश्मीर में बहुसंख्यक संप्रदाय है। सिख ? वह पंजाब में बहुसंख्यक

संप्रदाय है। हिंदू ? वह पंजाब और कश्मीर में अल्पसंख्यक हैं। सच पूछिए तो हिंदुस्तान में अल्पसंख्यक संप्रदाय केवल एक है—हिंदुस्तानी।

इसलिए मैं प्रस्ताव करता हूँ कि हिंदुस्तान के इकलौते या सबसे छोटे अल्पसंख्यक संप्रदाय यानी हिंदुस्तानियों को संगठित करने की कोशिश की जाय। क्यों न हम एक पार्टी बनाकर हिंदुस्तान की सबसे छोटी अक़लीयत—हिंदुस्तानी—टिकट पर चुनाव लड़ें। हद-से-हद जमानत ही तो ज़ब्त हो जाएगी।

इन्हें इस्लाम कटपीस में चाहिए !

यह हर हिंदुस्तानी के लिए बड़े शर्म की बात है कि हिंदुस्तान की वह सरकार जो इक्कीसवीं सदी का स्वागत करने के लिए कंप्यूटर-मालाएँ लिये इंडिया-गेट पर खड़ी है, उसकी आँखें इतनी कमजोर हैं कि वह कठमुल्लावाद और इस्लाम में फ़र्क़ नहीं कर सकतीं !

अभी-अभी संसद ने जो बिल पास किया है वह किसी भी लोकतंत्र के माथे पर कलंक का टीका है !

मुझे श्री जेड.आर. अंसारी का भाषण अभी तक याद है, जिसकी धूल उन्होंने संसद सदस्यों पर झाड़ी थी और सुप्रीम कोर्ट के जजों को 'तेली-तमोली' कहा था। उनका यह भाषण प्रधानमंत्री ने भी सुना था और श्री बलराम जाखड़ ने भी। लेकिन मैं भारतीय लोकतंत्र से पूछना चाहता हूँ कि क्या 'तेली-तमोली' होना कोई घटिया बात है ! शर्म की बात यह भी है कि श्री अंसारी (जो फिल्मी हीरो की तरह भेष बदलने के उस्ताद हैं और ज़ेड.आर. अंसारी की जगह आज़ाद दिखाई देने की कोशिश करते हैं, परंतु जिन्हें यह पता नहीं कि मौलाना आज़ाद की टोपी के नीचे एक रोशन दिमाग भी हुआ करता था !) की तकरीर पर विरोधी दलों ने बड़ा हंगामा मचाया पर 'तेली-तमोली' के अपमान के खिलाफ़ किसी ने आवाज़ नहीं उठाई ! असल बात यह है कि मुसलमानों के पास तेलियों-तमोलियों से ज्यादा वोट हैं !

परंतु 'तेलियों-तमोलियों' को ज़रा देर अलग रखें, श्री अंसारी, श्री शहाबुद्दीन, श्री सुलेमान सेठ, श्री बनातवाला एंड कंपनी (प्रा.) लिमिटेड का कहना यह है कि सुप्रीम कोर्ट के जज इस लायक ही नहीं कि वह कुरान को समझ सकें या उसकी व्याख्या कर सकें। यदि मैं उनकी यह बात मान लूँ तो यह पूछने को जी चाहेगा कि यदि सुप्रीम कोर्ट के जज इस लायक नहीं तो संसद सदस्य इस लायक कैसे हो गए ? (इस लायक तो केवल अंग्रेज़ सरकार थी जिसने मुस्लिम पर्सनल क़ानून लागू किया था !) अंग्रेज़ के लागू किए हुए क़ानून को कुरान के साथ रखना-यदि कुरान और इस्लाम का अपमान नहीं तो क्या है ? मतलब यह हुआ कि संसद को कुरान और इस्लाम का अपमान करने का अधिकार है !

एक बात मैं और पूछना चाहता हूँ कि खुद श्री अंसारी, श्री शहाबुद्दीन, श्री बनातवाला, श्री सुलेमान सेठ वगैरा को यह हक किसने दिया था कि वह कुरान को इंटरप्रेट करें। इनमें से कोई न तो इमाम अबू हनीफ़ा है न इमाम जाफ़र सादिक़, न इमाम हंवल और ना ही इमाम शाफ़ई ! यह अंसारी एंड कंपनी भी मेरी तरह साधारण मुसलमान है और यदि उन्हें कुरान और इस्लाम पर बोलने का अधिकार है तो यह अधिकार मुझे और मेरे जैसे लाखों दूसरे मुसलमानों को भी है और इसलिए मैं बोल रहा हूँ।

एक बात मेरी समझ में नहीं आती कि जहाँ इस्लामी हुकूमत नहीं है वहाँ कुरान के क़ानून लागू करने की माँग कैसे की जा सकती है ? कुरान के सिविल या क्रिमिनल क़ानून उन देशों के लिए हैं जहाँ इस्लाम हुकूमत का मज़हब हो !

सिविल कानूनों में आप यह कर सकते हैं कि कचहरी न जाएँ बल्कि आपस में फैसला कर लें। क्रिमिनल कानूनों में यह भी नहीं हो सकता। पर तलाकशुदा औरतों को कुछ हक़ दिलवाने के खिलाफ़ गला फाड़नेवाले यह जेड.आर. अंसारी, शहाबुद्दीन और बनातवाला जैसे मुसलमान यह माँग क्यों नहीं करते कि मुसलमान पुजारियों को कुरानी सजाएँ दी जाएँ ? चोरों के हाथ काट लिए जाएँ, बलात्कार करने वालों को पत्थर मार-मार के मार डाला जाए, स्मगलिंग को तिज़ारत मान लिया जाए…वगैरा-वगैरा। यह भी माँग करें कि हमें अपनी बीवियों को मारने का हक दिया जाए क्योंकि कुछ हालात में अपनी बीवियों को पीटने का अधिकार मुसलमान शौहरों को कुरान ने दे रखा है।

पर यह लोग ऐसा नहीं करेंगे। उन्हें इस्लाम कटपीस में चाहिए। इस्लाम जहाँ इनके पक्ष में नहीं बोलता वहाँ यह सेक्यूलर हो जाते हैं।

और मुझे यह कहने की इज़ाजत दीजिए कि कुरान के क़ानून चाहे अटल हों पर यदि समय के साथ उनको नयी परिभाषा देने का अधिकार न दिया गया होता तो इस्लाम ने 'इजतिहाद' और 'इजमा' का हक़ भी न दिया होता। 'इजतिहाद' भाषांतरण या इंटरप्रेटेशन का अरबी वस्त्र है और सबसे पहला इजतिहाद पैगंबरे-इस्लाम के अली इब्ने अबितालिब ने किया, जो उनके चचाजात भाई भी थे, दामाद भी और जो बाद में उनके खलीफा भी हुए, जो पैगंबर के करीबी साथियों में 'आचार्य' या 'शास्त्री' माने जाते हैं। मेरे ख़याल में तो किसी महाजिर या आंयारी ने हज़रत अली के इस इजतिहाद पर कोई आवाज़ नहीं उठाई थी !

खुद इमाम जाफ़र सादिक़, इमाम अबू हनीफ़ा, इमाम मलिक और इमाम शाफ़ई और इमाम हंवल ने इजतिहाद ही किया, क्योंकि अगर ये पाँचों इमाम वही कर रहे होते, जो कुरान में लिखा है तो इस्लाम पाँच मुसल्लों या पाँच हिस्सों में तक्सीम क्यों हुआ होता ? कहने का मतलब यह है कि इस्लाम ने इजतिहाद का दरवाज़ा इसीलिए खुला रखा कि धर्म की बुनियादी बातों को छोड़कर बाक़ी सारी समस्याओं

के सिलसिले में अपने-अपने ऐतिहासिक और सामाजिक वातावरण को ध्यान में रखते हुए नये फैसले लिये जा सकें। ताकि जमाना उसे पीछे छोड़कर आगे न निकल जाए। कुरान यह कहता है कि उसका पयाम आनेवाले तमाम युगों के लिए है और शहाबुद्दीन कहते हैं कि मुसलमान को सोलहवीं सदी से बाहर निकलने का अधिकार नहीं है। ये शहाबुद्दीन, ये अंसारी, ये बनातवाला, ये सुलेमान सेठ और यह कांग्रेस (आई) इस्लाम और मुसलमानों–दोनों ही के इतने बड़े दुश्मन हैं कि उनके मुक़ाबले में भारतीय जनता पार्टी सेक्यूलर दिखाई देने लगी है। बहरहाल भविष्य का सेक्यूलर हिंदुस्तान इन मानव दुश्मनों और पार्टियों पर इतिहास की खुली अदालत में मुक़दमा चलाकर कड़ी सजा की माँग करेगा।

अपील श्रीराम और अल्लाह मियाँ से !

दिल्ली यूनिवर्सिटी के कुलपति प्रोफेसर मुनीस रज़ा ने बड़े मज़े की बात कही कि जो मंदिर भगवान के और मस्जिद अल्लाह की होतीं तो इन पर इतने झगड़े न होते। पर मंदिर बिड़ला का है। मस्जिद बाबर की। बाबर और बिड़ला क़द में अल्लाह और भगवान से दो-दो अंगुल ऊँचे निकल गए हैं, परिणाम–झगड़ा।

पिछले दिनों बाबरी मस्जिद सुरक्षा कमेटी ने मुसलमानों से कहा था कि वे गणतंत्र दिवस के समारोहों में हिस्सा न लें। यदि कमेटी यह समझती थी कि गणतंत्र दिवस में हिस्सा न लेना मुसलमानों का कर्तव्य है तो सरकारी नौकरों को छुट्टी क्यों दे दी गई ? क्या मुसलमान सरकारी नौकरों का यह फर्ज नहीं कि वह भी गैर-सरकारी मुसलमानों की तरह इस्लाम की हिफाज़त के लिए जान या नौकरी की बाजी लगा दें ? या शहाबुद्दीन एंड कंपनी को यह डर हो शायद कि नौकरीपेशा मुसलमानों को इस्लाम से ज्यादा नौकरी के खतरे में होने का डर होगा। इसलिए वह बाबरी मस्ज़िद से ज्यादा अपनी नौकरी को बचाना चाहेंगे और इस्लाम दुश्मन, मुसलमान दुश्मन और हिंदुस्तान दुश्मन बहिष्कार में हिस्सा नहीं लेंगे⋯

मुझे यह भी नहीं मालूम था कि बाबरी मस्जिद को ईंटों से जोड़ने में इस्लाम चूने की जगह इस्तेमाल किया गया है। इस्लाम चारदीवारों और गुम्बद का नाम नहीं है। इस्लाम नाम है शांति का। इस्लाम नाम है गुलामों की आज़ादी का। इस्लाम नाम है पत्नी को आदर देने का। इस्लाम नाम है सच बोलने का। इस्लाम नाम है अपने बदन और अपनी आत्मा को साफ़ रखने का। इस्लाम नाम है पड़ोसियों के अधिकारों को सुरक्षित रखने का⋯इस्लाम किसी बादशाह की बनवाई हुई मस्जिद में अज़ान देने का नाम नहीं है। मस्जिदों की हिफ़ाज़त होनी चाहिए। लेकिन हिंदुस्तान में हज़ारों लावारिस मस्जिदें पड़ी हैं। चमगादड़ों और कबूतरों के बीट और गाय-भैंस के गोबर से पटी हुई। यह शहाबुद्दीन एंड कंपनी उन मस्जिदों का रुख क्यों नहीं करती ? हमारे पंजाब में हिंदुओं और सिखों ने न जाने कितनी मस्जिदों को मंदिरों और गुरुद्वारों में बदल लिया है। सच्चे मुसलमानों की यह टोली वहाँ क्यों नहीं जाती⋯

पर यह इस्लाम या हिंदू धर्म का चक्कर ही नहीं है। यह तो चक्कर है हिंदुस्तान को अंदर से कमज़ोर करने का। उसे अंदर से तोड़ने का। दिलों के बीच में दीवारें उठाने का। लमही नाम के एक गाँव की मस्जिद का कोई इश्तिहारी मूल्य नहीं है। बाबरी मस्जिद के साथ एक बड़ा नाम जुड़ा है—जहीरुद्दीन, मुहम्मद बाबर ! पहला मुगल बादशाह ! अल्लाह के नाम का कोई ऐतिहासिक मूल्य नहीं परंतु बाबर को तो सभी जानते हैं; जैसे बिड़ला को सब जानते हैं। और दिल्ली का सबसे ज़्यादा प्रसिद्ध मंदिर कोई राम या कृष्ण मंदिर या कोई शिवालय नहीं है। दिल्ली का सबसे प्रसिद्ध मंदिर बिड़ला मंदिर और यही होना भी चाहिए, क्योंकि आधुनिक भगवान रुपया है—जी हाँ वही रुपया जो सन् '76 के रुपये के मुकाबले में 15 या 20 पैसे भर रह गया है। वह पुराना वाला पैसा नहीं जो कुछ खरीद सकता था। नया पैसा जो कुछ खरीद ही नहीं सकता तो रुपया भगवान के मंदिर का नाम तो बिड़ला मंदिर ही हो सकता है। बिड़ला जो पूँजीपतियों के अमिताभ बच्चन हैं।

अब चूँकि बात बाबरी मस्जिद से चलती-चलती मंदिरों तक आ ही गई तो थोड़ी देर यहीं रुक लिया जाए। मैं यह मानता हूँ (और यह मानकर मैं कोई कमाल नहीं करता क्योंकि यह सच है) कि मुगलों ने कुछ मंदिर गिरवाए, जहाँ आज मस्जिद खड़ी हैं। यह उनकी बड़ी बेहूदा हरकत थी क्योंकि यह इस्लाम की परंपरा नहीं है। यह सही है कि पैगंबर ने काबे के बुत तोड़े थे पर काबे का मामला राम जन्मभूमि से जरा अलग है। काबा इबराहीम यानी पैगंबर के परदादा का लिया था। पैगंबर ने अपनी विरासत वापस ले ली थी और 'बेतुल्लाह' (अल्लाह का घर) को फिर बेतुल्लाह बना लिया था।

जो इस परंपरा का पालन किया जाए तो रामजन्मभूमि विश्व हिंदू परिषद् को वापस मिल जानी चाहिए।

पर मैं इस लेन-देन से सहमत नहीं हूँ। इतिहास का पहिया उलटा चलाने का प्रयत्न ही देश को पीछे ले जाने का प्रयत्न है और इन दामों, न मुझे कोई मस्जिद चाहिए, न कोई मंदिर।

और कोई मुझे यह भी बताए कि यह कैसे साबित हुआ कि वही रामजन्मभूमि है।

कोई मुझे यह भी बताए कि राम जन्मभूमि का मंदिर गिराया जा रहा था तो क्या अयोध्या के सारे रामभक्त छुट्टी मनाने कहीं बाहर चले गए थे ! या तब के हिंदू डालडा में तले हुए थे और विश्व हिंदू परिषद् के लोग श्री घसीटाराम हलवाई की पूड़ियों की तरह शुद्ध घी में तले हुए हैं ! हिंदुओं को यह बात इतने दिनों बाद क्यों याद आई ? यह सवाल मुझे बहुत परेशान कर रहा है परंतु अगर विश्व हिंदू

परिषद् वाले इस पर ठने हुए हैं कि उन्हें राम जन्मभूमि मंदिर वापस ही चाहिए तो पहले वह मेरी कुछ चीजें लौटाएँ। सबसे पहले तो यह शब्द 'हिंदू' ही लौटाएँ जो उनका नहीं। मिडिवल काल का सारा इतिहास कलमी आम, खूबसूरत मेहराबें, गोल गुम्बद, राग यमन, कौल तराना, कव्वाली, मियाँ की टोड़ी, मियाँ का मल्हार, शहनाई लौटाएँ। शाही टुकड़े, फीरीनी, बाकरखानी, शीरमल, मुज़ाफर, पुलाव, बिरयानी लौटाएँ। अंगूर, जाफरान, सेब लौटाएँ। हिंदी, बंगला, गुजराती, मराठी, पंजाबी, सिंधी, मलियाली और तेलुगू शब्दावली के 30 प्रतिशत से लेकर 45 प्रतिशत तक शब्द लौटाएँ। पद्मावत वापस करें। रहिमन, कुतबन, कबीर, उस्मान, ताज और रसखान वापस करें...यह तो वह फ़िहरिस्त है जो लिखते-लिखते याद आ गई। यह फ़िहरिस्त बहुत लंबी है विश्व हिंदू परिषद् के भाइयो और बहनो...

घाटे का सौदा

यह सौदा हिंदुस्तान और हिंदुस्तान के लिए घाटे का सौदा होगा। क्योंकि मैं तो अपनी चीजें वापस लेने के बाद यहाँ रहूँगा क्योंकि यह मेरा वतन है। मैं इसी मिट्टी का बेटा हूँ...

मैं यह बात इसलिए कर रहा हूँ कि आज ही भूतपूर्व जनसंघी और आज के लोकदलीय श्री सुब्रह्मण्यम् स्वामी ने मुसलमानों से अपील की है कि वे ऐसे सारे मंदिर हिंदुओं को लौटा दें जो मंदिर तोड़कर मस्जिद बनाए गए हैं, तो इससे नेशनल इंटिग्रेशन में बड़ी मदद मिलेगी। तो फिर भगवान बुद्ध की वह मूर्तियाँ भी लौटानी पड़ेंगी जो हिंदुओं ने तोड़ी थीं।

नेशनल इंटिग्रेशन हिंदुओं या मुसलमानों या सिखों या गुर्खों या मिज़ोरमियों को खुश करने का नाम नहीं है। इंटिग्रेशन समाकलन को कहते हैं और समाकलन कभी एकतरफा नहीं होता। समाकलन इतिहास के गड़े मुर्दे उखाड़ने का नाम नहीं है।

जिनकी जेबें खाली होती हैं, वह बाप-दादा की दौलत के क़िस्सों पर जीते हैं। हिंदुस्तान के हिंदुओं और मुसलमानों, दोनों का यही हाल है। दोनों के वर्तमान की जेब में भविष्य का कोई सिक्का नहीं इसलिए दोनों ही अतीत के सिक्के खनकाते रहते हैं, इस बात पर ध्यान दिए बिना कि आज के बाज़ार में उन सिक्कों का चलन ही नहीं है !

आज हिंदुस्तान बहुत ख़तरे में है। रामजन्मभूमि और बाबरी मस्जिद का तो कोई महत्त्व ही नहीं। देश में बेरोजगारी है, भुखमरी है, बड़े शहरों की हवा मैली होती जा रही है, जंगल ख़त्म हो रहे हैं और इसकी वजह से सारे मौसम बेईमानी पर उतर आए हैं। नकली दवाएँ खाकर लोग मर रहे हैं। विद्यार्थियों में दिशा का ज्ञान न होने के कारण एक बेचैनी है। सपनों की ऐनक लगाकर भी लोग नौकरी

के सिवा कुछ देख नहीं पाते। राजनीति का आसमान इतना नीचा हो गया है कि कोई सर उठाकर खड़ा नहीं हो सकता...ऐसे में धर्म की लाठी भाँजना बहुत आसान है। इसकी सबसे अच्छी मिसाल सर्वश्री बाल ठाकरे हैं। जब तक वह महाराष्ट्र मराठी के ध्वज फहराते रहे, शिव सेना एक छोटी पार्टी ही बनी रही। स्माल स्केल इंडस्ट्री !...तो श्री बाल ठाकरे एकदम से हिंदू हो गए। हिंदू होने का सबूत देने के लिए वह मुसलमानों को गालियाँ देने लगे...और शिव सेना के हिंदू होते ही शिव सेना इतनी बड़ी ताकत बन गई कि उसने बंबई कार्पोरेशन के चुनाव में कांग्रेस (आई) की ऐसी-तैसी करके उसे कांग्रेस गई बना दिया।

अभी-अभी एक गैर-मराठी हिंदू कांस्टिटुएंसी से उसने भारतीय जनता पार्टी से सीट ली और शिव सेना के जीते हुए कैंडिडेट ने यह बयान दिया कि उसकी जीत हिंदू धर्म की जीत है। मतलब शिव सेना भारतीय जनता पार्टी से भी ज्यादा हिंदू है।

राजनीति की हवा का रुख

अब आप राजनीति की हवा का रुख देखिए। पंजाब अकालियों के हाथ में है। महाराष्ट्र शिव सेना को पनपा रहा है। आंध्र प्रदेश तेलुगुदेशम के हाथ में है और मुख्यमंत्री एक हिंदू संन्यासी का रूप धरे हुए हैं। उत्तर प्रदेश, रामजन्मभूमि और बाबरी मस्जिद के चंगुल में आता जा रहा है।

क्षेत्रवाद की रगों में धीरे-धीरे धार्मिक सांप्रदायिकता का गंदा खून चढ़ाया जा रहा है। एक तो करेला, फिर नीम चढ़ा।

यदि हमें अपने देश से चुनाववादी प्यार नहीं बल्कि सचमुच का प्यार है तो उसे धर्म के दीमक से बचाना पड़ेगा और यदि हमने जल्दी ही इसकी तरफ़ ध्यान न दिया तो यह दीमक हमारे इस देश को चाट कर ख़त्म कर देगा।

इसलिए मैं श्रीराम और अल्लाह मियाँ दोनों ही से अपील करता हूँ कि वापसी डाक से विश्व हिंदू परिषद् और सैयद शहाबुद्दीन एंड कंपनी प्राइवेट लिमिटेड को तार द्वारा सूचना दें कि उनके पास मंदिर-मस्जिद ज़रूरत से ज्यादा हैं इसीलिए जहाँ श्रीराम जन्मभूमि मंदिर और बाबरी मस्जिद हैं वहाँ, इस मंदिर और मस्जिद को गिराकर बच्चों के लिए एक पार्क बना दिया जाए क्योंकि फूलों के बीच खेलते हुए बच्चों से ज़्यादा खूबसूरत कोई दृश्य हो ही नहीं सकता।

इसीलिए आदरणीय अल्लाह मियाँ और आदरणीय श्रीराम जी यदि आपको सैयद शहाबुद्दीन और विश्व हिंदू परिषद् के डाक-पते न मालूम हों तो कृपया उनके नाम लिखे अपने पत्र मेरे पते पर भेज दीजिए। मैं आपके पत्र इन लोगों के पास पहुँचा दूँगा।

लगता है बेकार गए हम

11 जनवरी, 1962 को मैंने अलीगढ़ में एक कविता लिखी थी, जिसका शीर्षक था 'कबिरा खड़ा बजार में', इस ईद के दिन से आज तक मैं इस कविता को कई बार पढ़ चुका हूँ :

कबिरा खड़ा बज़ार में देखे सबको कफ़न की ओट
जीवन की सतरंगी चुनरी, मौत की काली गोट
मंदिर-मस्जिद में आया है भक्ती का तूफ़ान
कश्के हों या तसबीहें हों, दोनों हैं नादान
तार-तार में चली हुई है किसता है जजमान
ताने-बाने की अनबन में कबिरा है हैरान
राम-रहीम के इस झगड़े में तार-तार है थान
कबिरा खड़ा बज़ार में रोये देख-देख यह बात
मूई माटी कैसे बताए का है उसकी जात
कहत कबीर, सुनो भई साधो, दिया जला या तेल
सदियों पहले खेल गया यह मातृभूमि में खेल
आज अगर यह खेल खेलता होती मुझको जेल
कहते कुरैशी यह हिंदू है, मुस्लिम मोजमदार
कबिरा की यह मूई माटी सड़ती बीच बतार

इससे पहले 7 अक्टूबर, 1961 को अलीगढ़ ही में एक नज़्म लिखी थी, जिसका शीर्षक था, 'कर्फ़्यू ऑर्डर'। वह नज़्म यूँ ख़त्म होती है :

क्या हुआ ?
किसने इस बाग से आवाज़ों के फल तोड़ लिए
कैसे कजला गए चेहरों के दिए
मुझको सड़कों पे सिपाही नहीं अच्छे लगते
कोई आ जाए यहाँ

कोई आ जाए शेखो-बरहमन के सिवा

18 नवंबर, 1961 को मैंने 'सबसे छोटी अकलियत' लिखी :

वह अनजानी नार सोहनी
नफ़रत के इस तेज़ चनाब में डूब रही है
हिंदू, मुस्लिम, सिख, ईसाई बहुतेरे हैं
पर कोई महिवाल नहीं है

21 जनवरी, 1951 को 'ऐ अजनबी' लिखी थी :

आस कच्चे घड़े की तरह बह गई
सोहनी बीच तूफ़ान में रह गई
कुछ लुटेरे बड़े आदमी बन गए
और हम घर में शरणार्थी बन गए
जामा मस्जिद में अल्लाह की जात थी
चाँदनी चौक में रात-ही-रात थी

24 नवंबर को मैंने 'गंगा' लिखी :

कोई आया है
न तैमूरो बाबर की संतान कोई
न कोई अरब है
न अफगान कोई
न जादू अलग है
न खुशबू अलग है
न जमुना अलग है
न सूरज अलग है
बस एक रूहे गंगा है हद्दे नज़र तक

24 मार्च, 1964 को 'गंगा और महादेव' लिखी :

मेरा नाम मुसलमानों जैसा है
मुझको कत्ल करो
और मेरे घर में आग लगा दो...
लेकिन मेरी नस-नास में गंगा का पानी दौड़ रहा है।
मेरे लहू से चुल्लू भर कर
महादेव के मुँह पर फेंको

और उस जोगी से यह कह दो
महादेव !
अब इस गंगा को वापस ले लो
यह मलिच्छ तुर्कों के बदन में गाढ़ा गर्म
लहू बन-बन कर दौड़ रही है

तो क्या मेरी पीढ़ी के कवियों ने इसीलिए जन्म लिया है कि हम सड़कों से लाशें हटा-हटा के अपने दिलों में रखते रहें···रखते चले जाएँ ? हमारे दिल बहुत बड़े हैं, पर अब हमारे बड़े दिलों में भी लाशें रखने की जगह नहीं रह गई है। हमारे दिल लाशों के गोदाम बनकर रह गए हैं। दूसरों के बारे में मैं नहीं जानता पर मैं लाशें बटोरते-बटोरते थक गया हूँ, जख़्म साफ़ करते-करते मैला हो गया हूँ :

बावन साल पुरानी आँखें कब तक जागें ?
देखे-अनदेखे सपनों से भागें,
कब तक भागें ?
हर लमहा एक रेत का जर्रा
हर जर्रा है खुद एक सहरा
गिनते-गिनते हार गए हम
लगता है बेकार गए हम···

यह कविता 10 जनवरी, 1980 की है। 1961 और 1980 का फ़र्क़ आपने देख लिया होगा। मैं कहना यह चाहता हूँ कि पिछले 19 बरसों में मॉइनॉरिटी कमीशनों और नेताओं की धुआँधार तकरीरों के बावजूद देश में सेक्यूलरिज़्म (धर्मनिरपेक्षता) की ताकतें कमज़ोर पड़ी हैं। दंगों की तादाद बढ़ी है। लाशों का अंबार ऊँचा हुआ है। हिंदू सांप्रदायिकता का कहना है कि 19 प्रतिशत दंगों की जिम्मेदारी मुसलमानों पर आती है। मुस्लिम सांप्रदायिकता कहती है कि हिंदू यह नहीं चाहते कि मुसलमान यहाँ रहें। सरकार लुटने-मरने वालों को सौ-दो सौ, हज़ार दो हज़ार तक रुपये देकर बैठ जाती है और समझ लेती है कि उसने अपने कर्तव्य का पालन कर लिया···पर उन जख़्मों पर किसी की निगाह नहीं पड़ती, जो हमारे देश की आत्मा को लगते हैं···बरगद का यह पेड़ धीरे-धीरे खोखला होता जा रहा है···

हम लोग सांप्रदायिकता को धर्म के खानों में बाँटने के आदी हो गए हैं। ऐसा करते हुए हम वास्तव में सांप्रदायिकता के समर्थक बन जाते हैं, यह कोई नहीं सोचता। यह भी कोई नहीं सोचता कि सांप्रदायिकता खालिस देशी चीज़ नहीं है। इस प्रश्न को भी अंतर्राष्ट्रीय सवालों से जोड़ कर देखना चाहिए।

इमर्जेंसी लगने तक हिंदुस्तान अंदर से चाहे जितना कमज़ोर रहा हो, पर ऊपर

से बलवान लगता था। फिर इमर्जेंसी लगी और हमें पहली बार पता चला कि सब खैरियत नहीं है। फिर जनता सरकार बनी और उस सरकार ने जो छीछालेदर मचाई उसने राजनीति से हमारा विश्वास हिला दिया। नतीजे में फिर श्रीमती गांधी की सरकार बनी। आम लोगों ने सोचा कि महँगाई अब तो रुक ही जाएगी। कत्ल कम होंगे। डाके बंद हो जाएँगे। हरिजनों को ज़िंदा जलाने का खेल बंद हो जाएगा। यह सब कुछ नहीं हुआ। हुआ यह कि महँगाई बढ़ी, डाके बढ़े, बलात्कार बढ़े और इस काम में सरकारी नौकर रँगे हाथों पकड़े जाने लगे। ट्रेनें लुटने लगीं। गुंडों का जोर बढ़ा...अब हम किधर देखें ? हमारे राजनीतिक और सामाजिक जीवन में खोखलापन है। ऐसे भयानक खोखले क्षण पहली बार आए हैं। इसलिए भारत पर हमला करने का इससे बढ़िया वक़्त कोई और नहीं हो सकता।

तो हमें यह देखना चाहिए कि भारत को कौन खोखला करना चाहता है। अमरीका, चीन, इजराइल और वे तेली अरब देश, जो पाकिस्तान को काबे के बाद दूसरा नंबर देने लगे हैं।

असम में देशी-विदेशी कश्मीर में फिर वही रायशुमारी का नारा। त्रिपुरा में हंगामा। जमायते इस्लामी को पेट्रो डॉलर की भारी मदद। असम में विदेशियों के नाम पर बंगाली मुसलमानों पर हमला हुआ। त्रिपुरा में विदेशियों के नाम पर बंगाली मुसलमानों को मारा गया। अलीगढ़ में पी.ए.सी. और यू.पी. पुलिस ने मुसलमानों के घरों में घुस कर बलात्कार किया !...और मुसलमानों को यह समझाया जाने लगा कि तुम फौज़ और पुलिस से कैसे लड़ोगे, इसलिए मरना है तो लड़ के मरो। मार के मरो...

एक तरफ़ यह हवा चल रही थी, दूसरी तरफ़ इमर्जेंसी के बादवाले सत्रह-अठारह महीनों में बाक़ी लोग तो भाषण दे रहे थे, कमीशन बना रहे थे, पर आर.एस.एस. जानती थी कि यह जनता सरकार चंद दिनों की मेहमान है तो उसके नेताओं ने तकरार नहीं की। वे सरकारी मशीनों में अपने पुर्जे फिट करने में लग गए, और इस काम में उन्हें सफलता भी प्राप्त हुई। नतीजा यह हुआ कि अगस्त 1980 में गृहमंत्री और प्रधानमंत्री ने पहली बार यह कहा कि पुलिस में कुछ लोग गैरजिम्मेदार हैं और ऐसे लोगों को पुलिस से निकाल दिया जाएगा ! यह भी एक बड़ी भयानक बात है कि हम सरकारी तौर पर यह बात मान रहे हैं कि हमारी पुलिस के एक अंग में सांप्रदायिकता का ज़हर उतर चुका है।

इस बार के सांप्रदायिक झगड़े केवल सांप्रदायिक झगड़े नहीं हैं। यह हमारे देश पर विदेशी राजनीति का आक्रमण है और हमें इस खस्ते हाल का इसी अंदाज से सामना भी करना चाहिए।

यह बात ध्यान में रखने की है कि हिंदुस्तान में गायें भी बहुत हैं और सूअरों की भी कोई कमी नहीं है। अगर हम चौकन्ने न हुए तो गायें रह जाएँगी, सूअर रह जाएँगे। आदमी ख़त्म हो जाएँगे और हम स्पुतनिक या अपोलो बनकर रह जाएँगे।

विभाजन के रास्ते

मेरा देशप्रेम चुनाव जीतने के लिए नहीं है। मेरा देशप्रेम हिंदू-मुसलमान दंगे करवाने के लिए नहीं है। मेरा देशप्रेम महाराष्ट्र के मुसलमानों से महाराष्ट्रीय होने का अधिकार छीनने के लिए नहीं है। मेरा देशप्रेम बंबई या मुंबई में मलियाली या तमिल भाषियों की दुकानें जलाने के लिए नहीं है। मेरा देशप्रेम हिंदी को दूसरों पर लादने या मद्रास में संविधान के पन्ने फाड़ने और हिंदी फिल्मों के रिलीज रोकने के लिए नहीं है। मेरा देशप्रेम पंजाब में हिंदुओं, दिल्ली में सिखों और असम में मुसलमानों का कत्ले-आम करने के लिए नहीं है। मेरा देशप्रेम शरद पवार के कांग्रेस में आने का दरवाज़ा नहीं है। मेरा देशप्रेम बिहार में बेगुनाह हरिजनों को ज़िंदा जलाने के लिए नहीं है। मेरा देशप्रेम मेरे जीने का ढंग है मेरे जीने का आधार है।

मेरे लिए देश केवल एक शब्द नहीं (क्षमा कीजिए एक शब्द) की जगह दो शब्द पढ़िए। मेरे सारे उपन्यास मेरे देशप्रेम की परिभाषाएँ हैं।

श्री राजीव गांधी या श्री अटल बिहारी वाजपेयी या श्री बाल ठाकरे या श्री बनातवाला के लिए देशप्रेम को एक नारा बनाना आसान है क्योंकि चुनाव जीतने हैं।

वह तमाम लोग इस देश के दुश्मन हैं जो इस देश को धर्म, भाषा, क्षेत्र और जाति की छुरियों से काटने की कोशिश कर रहे हैं और यदि अल्लाह, भगवान, श्री राजीव गांधी, श्री बादल सिंह, श्री वाजपेयी, श्री बनातवाला, श्री शहाबुद्दीन, श्री बाल ठाकरे, श्री एन.टी.आर., श्री करुणानिधि ने चाहा तो देश के टुकड़े हो भी जाएँगे।

आज के हिंदुस्तानियों को यह नहीं मालूम कि शहर का नाम वाराणसी हो या बनारस, मुंबई हो या बंबई यह शहर उत्तर प्रदेश या महाराष्ट्र में नहीं है, हिंदुस्तान में है क्योंकि यह उत्तर प्रदेश, कर्नाटक, तमिलनाडु, आंध्र, महाराष्ट्र वगैरा तो वह दीवारें हैं जिनसे घर बनता है। यह अंदर की दीवारे हैं जो घर को कमरों और दालानों में बाँटती हैं—जीने को आसान बनाने के लिए...कमरा घर नहीं है कमरा घर में है। रहे कोई कमरा घर का होता है। दुराग्रह से हमारे देश में कमरे को घर मानकर उस पर कब्जा जमाने की बीमारी बहुत फैल रही है।

चलिए मान लिया कि बंबई से सारे अमराठी भाषी निकाल दिए जाएँ परंतु अमराठी भाषी लोगों के निकलने का मतलब क्या है ? मतलब यह है कि बंबई को कोलियों की बस्ती बनाकर छोड़ दिया जाए। इसकी सड़कें इसके कारखाने इसका कारोबार इसका इतिहास अमराठी भाषी है...यह सौदा मंजूर नहीं क्योंकि बंबई भी मेरी माँ के अनेक नामों में से एक नाम है। जो मैं इसे 'आई' नहीं कहता माँ कहता हूँ तो क्या कुछ और कहने से रिश्ता बदल जाता है।

यह भी न भूलिए कि 'इंकलाब जिंदाबाद' का जो नारा है यह हमारे स्वतंत्रता संघर्ष का इकलौता नारा है और यह मराठी में नहीं है, यह उत्तर प्रदेश ने दिया था। तो यह नारा लौटाइए और इस नारे के पीछे चलनेवाला सारा स्वतंत्रता संघर्ष लौटाइए।

हमारा जो राष्ट्रीय गान है वह भी मराठी नहीं है। बंगाली है तो वह भी लौटाइए।

और यदि श्री बाल ठाकरे मुसलमानों को विदेशी समझते हैं तो वह 60 प्रतिशत अरबी-फारसी के शब्द भी निकालने पड़ेंगे जो इन विदेशी मुसलमानों ने दिए हैं और जिन्होंने मराठी को एक बड़ी खूबसूरत भाषा बनाने में बड़ा काम किया है। हमें यह भी याद रखना चाहिए कि मराठी के विकास में मुगल राजनीति का बड़ा हाथ है।

यूँ ही यदि पंजाब से हिंदुओं को निकालना है तो गुरुग्रंथ साहब से भी हिंदुओं को निकालना पड़ेगा।

आप हिंदुस्तान में कहीं से किसी को नहीं निकाल सकते और जो लोग यह बातें करते हैं वह न अपने क्षेत्र के दोस्त हैं और न अपनी मातृभूमि के भक्त !

हमें अपने देश और उसके तमाम क्षेत्रों को इन दुश्मनों से बचाना है। यदि पाकिस्तान हमसे फिर लड़ना चाहता है तो वह फिर अपना शौक पूरा कर ले पर वह केवल लड़कर हार सकता है क्योंकि उसका पेट इतना बड़ा नहीं कि हमें निगल जाए ! परंतु जो ऐसे देशभक्त हैं तो आज या कल यह देश टूट जाएगा और तब शायद नेपाल के लिए भी आसान हो जाएगा कि चीन की मदद से आक्रमण करे और हमें निगल जाए। आखिर छोटा-सा इंग्लैंड हमें निगल ही गया था।

यदि इसे बचाना है तो बचाव की यह यात्रा इस चेतना से शुरू होगी कि बंबई जितनी सर्वश्री बाल ठाकरे की है उतनी ही मेरी भी है। यह देश जितना सरदार बादल सिंह का है उतना ही श्री बाल ठाकरे का भी है। यह देश जितना महाराणा प्रताप का है उतना ही अली अदिल शाह का भी है। यह देश जितना ब्राह्मणों और क्षत्रियों का है उतना ही जाटवों, कोरियों और कुर्मियों का भी है और एम.ए. पास उस हरिजन चिंतामणि का भी जिसके हाथ का छुआ पानी स्वर्गीय जगजीवन राम भी नहीं पिया करते थे और जिनके मरने के शोक में गांधी ने इस देश के ध्वज को तीन दिन झुकाए रखा था !

मैं घरों के बँटवारे का विरोधी हूँ तो देशों का बँटवारा कैसे सहन कर सकता हूँ इसीलिए मैं श्रीलंका के तमिल भाषियों की माँग का विरोध करता हूँ। यदि वह

श्रीलंका में इज्जत से जीने के अधिकार के लिए लड़कर मरना चाहें तो मैं उनके लिए मरने को तैयार हूँ परंतु यदि वह श्रीलंका में एक तमिलनाडु बनाना चाहते हैं तो मैं उनका विरोधी हूँ और शायद इसीलिए मैंने यह सपना देखना नहीं छोड़ा है कि आज या कल सारे विभाजित देश जर्मनी, कोरिया, हिंदुस्तान—सब मिल जाएँगे।

'खुदा की बस्ती' या अपनी बनाई हुई जन्नत पाकिस्तान में हिंदी भाषियों के साथ आज जो सुलूक हो रहा है वह हम सब जानते हैं। जानेवाले अपनी जन्नत में आज भी 'महाजिर' (शरणार्थी) समझे जाते हैं यह उनकी समस्या है मगर खुदा के लिए कोई मुझे यह बताए कि जिस देश के हर नागरिक का दादा भारतीय था उसे मैं गैर कैसे मान लूँ और उसे घर लौट आने का निमंत्रण कैसे न दूँ।

ज़िन्ना साहब ने पाकिस्तान माँगा। नेहरूजी और सरदार पटेल ने यह माँग मान ली तो इसमें वारिस शाह का क्या कसूर ? हीर क्यों गुनहगार कही जाए। साहनी को पत्थर क्यों मारे जाएँ ?

यदि इस देश के बुद्धिजीवियों, साहित्यकारों के कान पर भिविंडी, अहमदाबाद, अलीगढ़, त्रिपुरा, असम, पंजाब की जूँ नहीं रेंगती तो न रेंगे मगर यह हीर वाला वारिस शाह तो हमारे कबीले का था। वह कथाकार जो जमशेदपुर के दंगों में काटकर कुएँ में डाल दिया गया वह तो हमारा था !

पर इन बुद्धिजीवियों ने, साहित्यकारों ने, विचारकों ने, इतिहासकारों ने इमर्जेंसी लगने के बाद डर के मारे जो चुप साधी थी, वह चुप अभी तक नहीं टूटी है। किसी को नेहरू अवार्ड लेना है, किसी को नेहरू स्कालरशिप लेना है, किसी को सरकारी डेलिगेशनों में घुसना है, किसी को प्रोफ़ेसर बनना है...सब अपनी खुदगर्जी की आंधेरी चढ़ाए, सर खींचे पड़े हुए हैं। कोई बोलने में पहल करने पर तैयार नहीं...क्योंकि साहित्य अकादमी का पुरस्कार देश से, देश की अखंडता से ज्यादा कीमती है। कभी-कभी तो मुझे यह सोचकर शर्म आने लगती है कि मैं भी, गया गुजरा ही सही, साहित्यकार तो हूँ।

हमारे बुद्धिजीवी तो स्वतंत्रता प्राप्ति के बाद से नौकरियों की तलाश में लग गए हैं और राष्ट्रीय पार्टियाँ, कुर्सियों की दलदल में धँसती चली जा रही हैं। वह भी धर्म और क्षेत्र की बैसाखियों का सहारा ढूँढ़ती हैं वह चाहे मार्क्सवादी हो या जनसंघी, कांग्रेस आई वाले हों या कांग्रेस गई वाले (वैसे आज कांग्रेस (एस) को कांग्रेस गई कहना गलत भी नहीं होगा)—सब देश को बिसात की तरह बिछाकर कुर्सियों की शतरंज खेल रहे हैं।

और कभी-कभी मुझे यह भी डर लगने लगता है किसी चोर दरवाज़े से अलगाववाद, जातिवाद और सांप्रदायिकता के चोर हमारे बुद्धिजीवियों के दिलों में घुस रहे हैं क्योंकि यदि ऐसा न होता तो बिहार में ज़िंदा जलाए जानेवाले हरिजनों के बारे में लगभग चुप रहनेवाले बुद्धिजीवी पंजाब में मारे जानेवाले ऊँची जाति के

हिंदुओं पर इतना आँसू क्यों बहा रहे हैं और जो उन्होंने रोना सीख ही लिया है तो वह दिल्ली में मारे जानेवाले सिखों पर भी तो रोएँ।

मैंने हिंदू-मुसलमान दंगों की बात इसलिए नहीं की कि इन दंगों के तो हम आदी हो चुके हैं। यह तो रोज ही होते रहते हैं। अब रोज-रोज तो कोई नहीं रो सकता।

पर मुसलमानों की बात निकल ही आई है तो मुसलमान बुद्धिजीवी श्री शहाबुद्दीन जो इत्तिफाक से सैयद भी हैं यानी वह पैगंबर साहब के कुटुंब के हैं।

साहब यह जो बंगलौर में हुआ यह आपके निजी यानी प्राइवेट लिमिटेड इस्लाम के दृष्टिकोण से कैसी रही ?

मुझे नहीं मालूम कि उस कहानी में पैगंबर के खिलाफ़ क्या लिखा था पर कुछ बुरा ही लिखा होगा और यह लिखना और इस लिखे हुए को छापना बड़ी बेहूदा बात है। पर इसमें जुलूस निकालने की क्या ज़रूरत थी। बसें और दुकानें जलाने की क्या ज़रूरत थी। उन बसों या दुकानों ने तो न वह कहानी लिखी न वह कहानी छापी। यह तो वह बात हो गई कि करे कोई और भरे कोई। चाहिए तो यह था कि लेखक और प्रकाशक पर मुकदमा चलाया जाता और उन्हें सज़ा दिलवाई जाती मगर चक्कर क्या है कि हमारे छोटे-बड़े नेता इन मौक़ों की ताक में रहते हैं और कोई ऐसी दुर्घटना होते ही दौड़ पड़ते हैं कि इस्लाम ख़तरे में है, हिंदू धर्म ख़तरे में है, सिक्ख मत ख़तरे में है। मराठी ख़तरे में हैं। असमी ख़तरे में हैं। गोरखे ख़तरे में···ख़तरा हमारी राष्ट्रीय राजनीति का आधार है ख़तरा पैदा करो और वोटों की फसल काटो और बुद्धिजीवियों की चुप हमारे देश की बेईमान और खुदगर्ज राजनीति की सहयोगी है। यदि ऐसा नहीं तो जब भिविंडी में मुसलमान ज़िंदा जलाया गया तो कोई हिंदू नेता क्यों नहीं बोला। जब पंजाब में हिंदू मारा जा रहा है तो कोई शहाबुद्दीन या ज़ेड.आर. अंसारी क्यों नहीं बोलते···इन लोगों को आदमियों के मारे जाने की फ़िक्र नहीं। यह गिद्धों की तरह हिंदुओं या मुसलमानों या सिक्खों के मारे जाने की राह देखते हैं। गिद्धों और इन नेताओं में फ़र्क़ है। वह हर लाश खाते हैं यह केवल अपने धर्मवालों की लाश खाते हैं ! ज़ेड.आर. अंसारी तो कर्नाटक के हैं तो वह लपक कर बंगलौर गए क्यों नहीं और उन्होंने मुसलमानों से कहा क्यों नहीं कि तुम जो कुछ कर रहे हो वह गैर-इस्लामी है ?

यह जो हमारा देश विभाजन के रास्ते पर चल पड़ा है उसके लिए दोषी हैं वह इतिहासकार जो क्षेत्रीय भावनाओं को ध्यान में रखते हुए इतिहास लिखते हैं। दोषी हैं वह गुरु जो शिष्यों को यह सिखलाते हैं कि तुम भारत माँ के बेटे नहीं हो, तेलुगू माँ के बेटे हो। भारतीय नहीं हो मराठी हो, पंजाबी नहीं हो सिक्ख हो···दोषी हैं वह साहित्यकार जो अपने साहित्य में अपने क्षेत्र के समूचे यथार्थ को समेटने का प्रयत्न नहीं करते। यदि पंजाबी साहित्य यह बताता कि पंजाब में 48 प्रतिशत हिंदू

हैं तो संत भिंडरावाला के कहे में 55 प्रतिशत सिक्ख न आते। यदि मराठी साहित्य यह बताता कि मराठी जीवन का एक हिस्सा मुसलमान भी हैं और औरंगजेब के खिलाफ़ कुतुब शाही और आदिलशाही मुसलमान बादशाह भी डर कर लड़े थे तो आज शिवाजी पार्क में किसी नेता की तक़रीर पर मराठी भीड़ ताली न बजाती कि मुसलमान विदेशी हैं। यदि हमारे पत्रकार ईमानदार होते तो चुनाव के दिनों में वह मुसलमान वोटरों की गिनती अलग से न बताते कि वहाँ इतने मराठी, इतने गुजराती, इतने सिंधी और इतने मुसलमान वोटर हैं। यह जो मुसलमान वोटर है वह भी तो किसी क्षेत्र का होगा या फिर यह भी बताइए कि इतने वैष्णव हैं और दोषी है उन बुद्धिजीवियों का पूरा समुदाय जो इन आँधियों का चढ़ाव देख रहा है और चुप है।

एक जंग हुई थी कर्बला में

जैनब की आँखों में रास्ते की धूल थी, उसने अँगुलियों से आँखें मलीं···हाँ, सामने मदीना ही था। नाना मुहम्मद का मदीना। जैनब की आँखें भर आईं, लेकिन रोना किसलिए ?

बगल वाले मामिल का पर्दा उठाए कुलसूम का मर्सिया झाँक रहा था :

ऐ नाना के मदीने,
हमें स्वीकार न कर
हमें स्वीकार न कर क्योंकि हम गए थे तो गोदें भरी थीं
और लौटे हैं तो गोदें वीरान हैं··

एक तरफ़ से मदीना आ रहा था। दूसरी तरफ़ से जैनब का कारवाँ बढ़ रहा था···और यादों का दर्द बढ़ता जा रहा था। वह सब कुछ कैसे बता पाएगी ? उसकी आँखों में आँसुओं की न जाने कितनी नदियाँ सूख चुकी थीं, उसे ऐसा लगा, जैसे सामने मदीना नहीं, बल्कि माँ खड़ी है–बाँहें फैलाए। आँसू जैनब के गले में उतर आए–माँ, हम हुसैन को खो आए ?

हुसैन–इस नाम में न जाने क्या था कि जबान पर आते ही घुल गया और अमृत बनकर रगों में दौड़ने लगा और बाँहों पर पड़े रस्सियों के निशान मिट गए और जैनब को ऐसा लगा, जैसे सब साथ हैं, अब्बास और अली अकबर अब सवारियों के उतरने का बंदोबस्त करने ही आनेवाले हैं, जैसे वह हुसैन की आवाज़ सुनने ही वाली है–बहन, उतरो, मदीना आ गया।

जैनब को वह रात अच्छी तरह याद थी जब मदीना के गवर्नर वलीद इब्ने-अकबा ने हुसैन को अपने घर बुलाया था। हुसैन तैयार हुए तो फ़ातमी जवान भी तलवारें लेकर उठ खड़े हुए क्योंकि सब जानते थे कि वलीद ने हुसैन को क्यों बुलवाया है। वलीद के पास दमिश्क से यह फरमान आया हुआ था कि हुसैन से कहो कि सिर झुका दें और अगर वह सिर न झुकाएँ, तो सिर काट लिया जाए ! वलीद को मालूम था कि जिसे फातिमा ने चक्की पीस-पीसकर पाला है और यहूदियों

के बाग में पानी चलाकर जिसे अली ने सिर बुलंद करने का सबक दिया है, वह सिर नहीं झुकाएगा। यही हुआ। हुसैन उससे यह कहकर चले आए कि हुसैन कोई काम रात के अँधेरे में चुपचाप नहीं करता। सुबह को जवाब दिया जाएगा। परंतु सुबह होने से पहले हुसैन ने मदीना छोड़ दिया।

जैनब अपने दो बेटों को लेकर भाई के साथ चली। बड़ा बेटा औज 11 साल का था और छोटा बेटा मुहम्मद 10 साल का। अब्दुल्ला ने दोनों को जैनब के हवाले करके कहा था—जैनब, मैं बीमार न होता तो खुद चलता। कोई बुरा समय आ जाए तो मेरी ओर से इन लड़कों को हुसैन पर न्यौछावर कर देना।

यात्रा शुरू हुई। नीचे रेत थी, ऊपर आसमान और वही चमकता हुआ सूरज। बच्चे पानी माँग रहे थे। हुसैन का घोड़ा पानी माँग रहा था और अरब के मशहूर सूरमा हुर की सेना कूफे के गवर्नर इब्ने ज्याद के हुक्म से हुसैन को घेरने के लिए आ पहुँची थी। यह सेना परछाईं की तरह कर्बला तक हुसैन के साथ आई।

फुरात का पानी देखकर हुसैन ने घोड़े की लगाम खींच ली। जवानों ने अंगों के बंद खोल दिए। बच्चे किलकारियाँ भरकर उछल पड़े…नहर चल रही थी। कारवाँ रुक गया था।

फिर ताबड़तोड़ फौज़ें आने लगीं। सेनाध्यक्ष अमर इब्ने साद ने हुक्म दिया कि नहर के किनारे शाही सेना का पड़ाव पड़ेगा। हुसैन ने सौतेले भाई अब्बास से कहा—मैं चाहता हूँ कि शाही इतिहासकार को हमारी मौत से जोड़ने के लिए कोई बात न मिले। मैं यह चाहता हूँ कि वह केवल यह लिख पाए कि शाही फौज़ों ने मुहम्मद की औलाद को क़त्ल कर दिया। अब्बास चुप हो गया। खेमे उखाड़े गए और उन्हें ठंडे पानी से बहुत दूर दहकती हुई रेत में गाड़ दिया गया। हुसैन ने यही कहा था—मैं पानी के लिए लड़ना नहीं चाहता। मैंने सर झुकाने से इंकार किया है। सिर न झुकाना मनुष्य का अधिकार है। मैं केवल इस अधिकार के लिए लड़ना चाहता हूँ।

हर तरफ़ एक ही आवाज़ थी—पानी ! पानी ! और हुसैन के कंधे जिम्मेदारी के बोझ से दुखने लगे थे।

रात को फैसला कर लिया गया कि सुबह ही लड़ाई होगी।

सवेरा हुआ। जैनब ने औज और मुहम्मद की कमर से तलवारें बाँध दीं और कहा—मामू के साथ सुबह की नमाज़ पढ़ो। हुसैन ने नमाज़ पढ़वाई।

सामने यजीद की सेना थी। पीछे खेमों में औरतें और बच्चे थे। डेढ़ सौ सिपाही दस हज़ार सिपाहियों के सामने सीना ताने खड़े थे। डेढ़ सौ सिपाहियों में सबसे छोटा सिपाही 10 वर्ष का मुहम्मद था और सबसे बड़ा अड़सठ वर्ष का हुसैन।

यकायक शाही फौज़ में एक शोर हुआ। जैनब जो द्वार पर खड़ी भाई की तरफ़ देख रही थी, चौंक उठी—सामने से चार सवार चले आ रहे थे। जैनब ने हुर

को पहचान लिया।

और फिर जो कुछ हुआ उसे जैनब भूल जाना चाहती थी। उसने औज और मुहम्मद को घायल होकर गिरते देखा। उसने अली अकबर को बरछी खाते देखा। उसने अब्बास की बाँहें कटते देखीं। उसने 10 वर्ष के कासिम की लाश को घोड़ों के सुमों में आते देखा। उसने देखा कि हबीब अपनी भवों को ऊपर उठाकर रूमाल से बाँध रहे हैं। उसने मुस्लिम इब्ने औसजा को तीरों से छलनी होते देखा। उसने आसमान की तरफ़ देखा। आसमान में सूरज अकेला था और कर्बला में हुसैन।

हुसैन कभी दिखाई देते, कभी डूब जाते। जैनब चाहती थी कि सब कुछ अपनी आँखों से देखे। सामने एक टीला था। वह टीले पर जा चढ़ी···तीसरे पहर की नमाज़ का समय आ गया था। हुसैन घोड़े से उतर पड़े। जैनब ने उनका सिर सिजदे में झुकते देखा। फिर भीड़ इतनी बढ़ गई कि टीला नीचा हो गया। जैनब कुछ नहीं देख सकी और भीड़ में एक नेजा उठा। उस पर हुसैन का सिर था···कितना ऊँचा !

···कुलसूम अपना मरसिया गुनगुना रही थी :

नाना के मदीने
हमें स्वीकार न कर···

एक फ्रेम, दो तस्वीरें

घर में इस समय अकेला हूँ। सन्नाटा है। दूसरे घरों की आवाज़ें खुली खिड़कियों से झाँक रही हैं और शायद आपस में बातें कर रही हैं और हँस रही हैं। सामने रेडियोग्राम पर मेरी पत्नी ने एक छोटे-से फ्रेम में मेरी दो तस्वीरें लगा रखी हैं। एक तस्वीर ताजी है। दूसरी बासी। यह बासी तस्वीर उन दिनों की है, जब मैं मुस्लिम यूनिवर्सिटी की टीम के साथ दिल्ली गया हुआ था, यूथ फेस्टिवल में एक लड़का हुआ करता था—ताजवर। उसने खींची थी यह तस्वीर। पता नहीं ताजवर ज़िंदा है या पाकिस्तान चला गया। साँवली गोल-मटोल सूरत वाले ताजवर को कहानियाँ लिखने का शौक़ था।

तब तक काज़ी अब्दुल सत्तार साहब ने काव्य और कहानी का दंगा शुरू नहीं किया था। कहानियों और शेरों में बोलचाल बंद नहीं हुई थी। काजी साहब ने वह फौज़दारी करवाई कि खाना-पीना, बोलचाल, शादी-गमी सब बंद ! उनका कहना यह था कि ग़ालिब की बड़ाई उनकी गज़लों में नहीं है, उनके पात्रों में है। परंतु आज जब इन बातों पर समय की गर्द पड़ चुकी है, मुझे केवल यह याद रह गया है कि काज़ी साहब की कहानियों की तरह उनके घर की चाय भी बड़ी मजेदार, देर तक चलनेवाली और रंग-बिरंगी हुआ करती थी। उनकी शैली एक कालीन की तरह दबीज, आरामदेह और कीमती कालीन हर जगह बिछा देते हैं !

बहुत दिनों तक मेरी और काजी साहब की बड़ी गाढ़ी छनी। फिर इस नतीजे पर पहुँचे कि चूँकि मैं शायर हूँ, इसलिए नामाकूल आदमी हूँ। बस बिगड़ गए। बोलचाल साहब सलामत बंद हो गई। अब चूँकि शायर नहीं रह गया हूँ, इसलिए सोचता हूँ कि दो-चार दिनों के लिए अलीगढ़ जाऊँ। मियाँ खाँ से ईदी वसूलूँ। बहादुर साहब के पान खाऊँ—और पता चलाऊँ कि काज़ी साहब के घर की चाय मेरी तकदीर में है या नहीं !

साहब, यह लिखने में बड़ी तकलीफ़ हुई कि अब मैं शायर नहीं रह गया हूँ। क्यों नहीं रह गया हूँ ? क्यों मेरे कवि ने आत्महत्या कर ली ? न वह तो जी रहा है। अकसर धूप खाने बाहर आ जाता है और घंटों मुझसे गप लड़ाया करता है।

तो फिर किस्सा क्या है ? पिछले पाँच-छः बरसों में मैंने तीन उपन्यास, तीन-चार क़हानियाँ और न जाने कितने उल्टे-सीधे लेख लिखे होंगे परंतु शायरी ? एक आध भूले-भटके शेरों के सिवा कोई नहीं मिला। इस रास्ते पर कोई तो कारण होगा इस सन्नाटे का। सामने लगी हुई तस्वीरें एक ही आदमी की हैं या दो आदमियों की ? यदि ये एक ही आदमी की दो तस्वीरें हैं तो वह शायर क्या हुआ, जिसके बारे में यह खयाल किया जा रहा था कि आगे चलकर अच्छा शायर निकलेगा ? क्या यह सही है कि फिल्म की हवा साहित्य को रास नहीं आती ? यदि यह ठीक होता, तो मैं 'टोपी शुक्ला', 'हिम्मत जौनपुरी' और 'ओस की बूँद' कैसे लिख पाता ? चुटकीभर धूप आज भी लिख रहा हूँ। हो सकता है कि यह उपन्यास उसी खोये हुए शायर की तलाश हो···कुछ दिखाई नहीं दे रहा है।

मुझमें जो शायर था, उसके मर जाने से देश या दुनिया का कोई नुक़सान नहीं हुआ। परंतु मेरा नुकसान अवश्य हुआ। मैं अधूरा रह गया हूँ।

कई ऐसी बातें होती हैं, जो उपन्यास या कहानी में नहीं कही जा सकतीं। इसी तजुर्बे को लीजिए :

अक्सर अपनी तनहाई से हम इस दर्जा घबराते हैं
जिनको न कभी हम याद आए, वे लोग हमें याद आते हैं।

इस नाजुक और उदास तजुर्बे को उपन्यास या कहानी में कैसे बयान किया जाए ? और जो न बताऊँ तो कहाँ ले जाऊँ इन तजुर्बों को ? कभी-कभी बेदर्द तनहाई की यह मंज़िल हर आदमी की ज़िंदगी में आती है। कहीं जाने को जी नहीं चाहता। आदमी अपने घर में अकेला होता है, तो न जाने कैसे-कैसे लोग याद आने लगते हैं। वह फकीर याद आता है, जिससे मैं डराया जाता था। वह फकीर मेरे लिए अलग से कुछ नहीं, मैं उसका नाम भी नहीं जानता, परंतु वह मेरी माँ और मेरे घर और मेरे मुहल्ले और मेरे शहर की याद का एक हिस्सा है !···वह लड़का याद आता है, जो चौथी में फेल हो गया था और फिर कहीं मेरा उसका सामना ही नहीं हुआ। उसकी एक आँख दूसरी आँख से बड़ी थी···वह पेड़ याद आता है, जिसे कोई बारह-चौदह बरस पहले मैंने जूही के पौधे के पास लगाया था···सैकड़ों पन्नों की यह बात किसी शेर में न कही जाए, तो बेमज़ा हो जाएगी···

इधर मुझ पर यही दौरा पड़ा हुआ है। सैकड़ों बातें हर तरफ़ से नोच-खसोट रही हैं। परंतु शेर की आँच इतनी धीमी है कि खयाल पिघलता नहीं और खयाल या तजुरबा पिघल न जाए, तो साँचों में ढाला कैसे जाए !

मेरा यह दर्द बाँटनेवाला कोई नहीं है, क्योंकि इस दर्द के बन में शायद मैं बिल्कुल अकेला हूँ। मैं शायद उर्दू का अकेला शायर हूँ, जिसने यह कहने की हिम्मत की है कि उर्दू और हिंदी दो अलग-अलग भाषाएँ नहीं हैं। मैंने यह चेतना बहुत

महँगे दामों खरीदी है और लोग कहते हैं कि मैं बिक गया हूँ।

मेरी समस्या बड़ी अजीब है। कहानी की भाषा का आधार बोलचाल की भाषा होती है। परंतु काव्य की भाषा एक नकली भाषा होती है, जो सीखी जाती है। मैंने 20 बरस में यह भाषा सीखी थी और लगभग 20 बरस मैंने इस भाषा को बरता है। मेरे पास अब ये चालीस बरस कहाँ हैं कि मैं देवनागरी की काव्यभाषा को बरतने के लायक सीखने की कोशिश करूँ ?

अभी तो मुझे यह बात याद है कि मैं कोई पाँच-छः साल पहले तक अच्छे शेर लिखा करता था। थोड़े दिनों बाद शायद मैं ही यह बात भूल जाऊँ और किसी से पूछूँ कि भाई यह मेरे नाम के आगे 'राही' क्यों लगा हुआ है ! यानी मेरी बेटी मुझे केवल एक उपन्यासकार की हैसियत से जानेगी–यानी ज़िंदगी के चालीस साल बिल्कुल रायगाँ चले गए।

मासूम रज़ा तो जी रहा है, परंतु मुझे यह बताइए कि राही मासूम रज़ा के जीने की क्या शक्ल है ?

अपना शेर सुनाऊँ ?

धूप से भी दिल साफ़ नहीं है, उखड़े-उखड़े साए से,
कल हमने अपने को देखा, अब लगते हैं पराए से।

क्या मेरी तकदीर यही है कि मैं अपने घर में अजनबी बना रहूँ। मैं शब्दकोश या फुटनोटों के साथ अपना काव्य-संग्रह छपवाने से इंकार करता हूँ। क्या आप मेरे काव्य-संग्रह को ज्यों-का-त्यों स्वीकार करेंगे ?

एक फ्रेम में दो तस्वीरें बहुत बुरी लगती हैं।

सपनों की रोटी

वह इधर कई दिनों से, लगातार, अपने आप को खोज रहा था। पर खोनेवाला कुछ ऐसा खोया था कि खोजते-खोजते उसकी आँखें दुख गईं, पर उसे अपना पता न चला।

आखिर मैं कहाँ जा सकता हूँ ? वह दिन-रात अपने आप से कई सवाल करता। शायद मुझे कोई सरकारी नौकरी मिल गई हो ! और क्या, इस दुनिया में कुछ भी हो सकता है। अगर जनता पार्टी की सरकार बन सकती है और फिर वह पार्टी अंग्रेजी के तमाम अक्षरों में तकसीम हो सकती है और श्रीमती इंदिरा गांधी फिर वापस आ सकती हैं और चीनी 15 रुपए किलो मिल सकती है और अगर भद्दी फिल्मों पर सरकार एंटरटेनमेंट टैक्स ले सकती है और अगर मुसलमान अपना घर जलवाने और अपने आपको कत्ल करवाने के लिए दंगे शुरू कर सकते हैं, तो वह सरकारी नौकरी क्यों नहीं कर सकता। तो उसने अपने आपको सरकारी ऑफ़िसों में ढूँढ़ने का फैसला किया।

परंतु चूँकि वह एक पढ़ा-लिखा जहीन आदमी भी था और किसी बड़े आदमी का रिश्तेदार भी नहीं था, इसलिए उसे कोई अच्छी नौकरी तो मिली नहीं होगी। उसे यह भी मालूम था कि जिन नौकरियों में तनख्वाह चाहे भले ही कम हो, पर ऊपर की आमदनी के रास्ते हों, वह नौकरियाँ सरकारी भले आदमियों को मिलती हैं···तो फिर मैं कहाँ हूँगा। इनकम टैक्स ? सेल्स टैक्स ? पुलिस ? मिनिस्टरों का चपरासी ? रेलवे में पार्सल क्लर्क ? टिकट चेकर ? राशनिंग ऑफिस ? म्युनिसिपल बोर्ड में पैदाइश और मौत लिखनेवाला क्लर्क ? सरकारी अस्पताल में कंपाउंडर ? ···ऐसी तो कोई नौकरी ही नहीं, जिसमें ऊपर की आमदनी न हो। किसी में कम है किसी में ज्यादा, पर हर सरकारी नौकरी में ऊपर की आमदनी की कोई टिप्पस भिड़ ही जाती है इसलिए तो सरकार तनख्वाह कम देती है। अगर ऊपर की आमदनी को तनख्वाह में मिला दिया जाय तो इनकम टैक्स देने में सरकारी नौकर का भुरकुस निकल जाएगा और बेचारा भूखा मर जाएगा। इसे कहते हैं सोशलिस्टिक पैटर्न ! सरकार का पैसा भी कम जाता है और सरकारी नौकर अल्लाह के फज्ल के साथ

खैरियत से जी रहे हैं। उसने तो अब तक यह नहीं सुना था कि किसी सरकारी नौकर ने जीने से तंग आकर आत्महत्या कर ली हो। तो साहब सरकारी नौकरी में कोई-न-कोई बात तो होगी ही, नहीं तो कम तनख्वाह वाली सरकारी नौकरियों की तरफ़ लोग भागें क्यों⋯

लेकिन अगर हर सरकारी नौकरी में ऊपर की आमदनी का फुँदना टँका हुआ है तो फिर नौकरी उसे तो मिल नहीं सकती, क्योंकि मिनिस्ट्रियाँ अब इतनी ज्यादा हो गई हैं कि मंत्रियों के रिश्तेदारों और उनकी सहायता करनेवाले एमपियों और एम.एल.एयों और उनकी मदद करनेवाले कारखानेदारों, दुकानदारों और टटुपुँजिए मुकामी नेताओं ही के लिए नौकरियाँ कम पड़ने लगी हैं तो उस बिचारे को सरकारी नौकरी कैसे मिल सकती है !

वैसे उसमें एक और बहुत बड़ी खराबी भी थी जो सरकारी नौकरी के रास्ते में आड़े आती थी। उसका कोई धर्म नहीं था, उसकी कोई जात नहीं थी और हमारी सोशलिस्टिक सरकार धर्म और जाति को ठोंक-बजाकर देखे बिना किसी को नौकरी देती नहीं। क्योंकि मंत्री तो अलग-अलग जातियों के हैं। उनके सहायक एम.पी. और एम.एल.ए. भी अलग-अलग जातियों के हैं और उनके सहायक कारखानेदार, दुकानदार और टटुपुँजिए मुकामी नेता भी अलग-अलग जातियों के हैं। तो सरकार अगर आँकड़े बराबर न रक्खे तो इन लोगों को यह बताए कैसे कि नौकरियों के सिलसिले में उनकी जाति के साथ कोई अन्याय नहीं हुआ। क्योंकि सरकार अगर उन्हें आँकड़े नहीं दिखाएगी तो आनेवाले चुनाव में वोट कैसे पाएगी। क्योंकि सेक्यूलरिज़्म हमारा सरकारी नारा अवश्य है। यह नारा बड़ा खूबसूरत और बड़ा रसीला और बड़ा मनभावन भी है, पर चुनाव के दिनों में हम इस नारे को ज़रा गोल कर जाते हैं, टाल जाते हैं। हमारा सेक्यूलरिज़्म हद-से-हद तैंतीस बरस नहीं तो तिरसठ बरस पुराना है पर जातिवाद तो साहब हज़ारों बरस पुराना है। पुरानी शराब है और साहब छूटती नहीं है मुँह से ये कफिर लगी हुई। अब उस उल्लू की दुम फाख़्ता को यह कैसे समझाता कि अरे भैया, जीना है तो किसी-न-किसी जाति की उँगली पकड़ ले। निधर्मा मारा गया तो किसी पत्र-पत्रिका में ख़बर भी नहीं छपेगी !⋯

यकायक, अपने आपको खोजते-खोजते, उसे वह मास्टर साहब याद आ गए जो दर्जा चार के लड़कों को यह पढ़ा रहे थे कि धरती चिपटी है। किसी ने कहा, "मास्टर साहब यह कब पता चला ?" तो बोले, "जी यह तो मैं भी जानता हूँ कि जमीन गोल है। पर जितनी तनख्वाह मिलती है उसमें यही पढ़ाऊँगा कि चिपटी है।"

पर वह उन मास्टर साहब जैसा तो था नहीं। उसे तनख्वाह न भी मिले, तब भी वह यही पढ़ाता रहेगा कि ज़मीन गोल है। और सरकार बच्चों को इस तरह की ख़तरनाक चेतना देने से डरती है। यदि उन्हें यह पता चल गया कि चिपटी दिखाई देनेवाली यह धरती वास्तव में गोल है तो कल बहुत-सी टेढ़ी बातें भी उनकी समझ

में आ सकती हैं और वह जवान होकर टेढ़े-सीधे सवाल कर सकते हैं, अर्थात् सरकार की भलाई इसी में है कि लोग यह न जान पाएँ कि धरती गोल है ? इसलिए वह टीचरों की तनख्वाह कम रखती है। लेकिन चूँकि वह यही पढ़ाएगा कि ज़मीन गोल है इसलिए पढ़ाने की नौकरी उसे तो मिल ही नहीं सकती। पढ़ाने की नौकरी तो उन्हें मिलेगी जो ब्लैक बोर्ड पर श्री, ऊँ या बिसमिल्लाह लिखकर फिजिक्स पढ़ाना शुरू करें ! यानी वह पढ़ाने के काम का भी नहीं !

तो फिर मैं आखिर हूँ कहाँ ? वह अबकी इस प्रश्न पर सोचने लगा कि एक तस्वीर दिखलाई जाए कि बावन साढ़े बावन साल का यह आदमी गुम हो गया है। गुम होते वक़्त उसकी एक जेब में पी-एच.डी. की डिग्री थी, दूसरी जेब में नये उपन्यास के कुछ पन्ने थे। मुँह में नकली दाँत थे। आँखों पर चश्मा था। घर से रोशनाई लेने निकला था। जिन साहब को मिले वह करीब के थाने में सूचना दे दें !

तो क्या उसकी सूरत अब भी वैसी होगी जैसी तब थी, जब वह रोशनाई खरीदने के लिए घर से निकला था ? क्यों, सूरत क्यों बदली होगी ? क्या पता उसने कोई चीज चेहरे पर लगा ली हो कि कोई जाननेवाला पहचान न सके। हमारी फिल्मों में तो बराबर यही होता है। गाल पर एक मस्सा लगा लो तो कोई नहीं पहचानता। अगर वाकई ऐसा हो सके तो कैसा मज़ा आए। मालिक मकान किराया माँगने आए और हम गाल पर एक मस्सा जड़ के उसके सामने से मुस्कराते निकल गए। अब तमाम लोग अपने बिल लिये हमें खोज रहे हैं और हम हैं कि गाल पर एक मस्सा चिपकाए मस्ती छाँट रहे हैं, पर जीवन में मस्से का यह महत्त्व नहीं है। यह सोचकर वह उदास हो गया और उसे तमाम बिल याद आ गए जो तलवार की तरह उसके सर पर लटक रहे थे और वह पल भर के लिए यह भूल गया कि वह तो अपने आपको तलाश कर रहा है। यदि वह जासूसी उपन्यासों का कोई प्राइवेट (और शायद लिमिटेड भी !) डिटेक्टिव होता तो कब का अपने आपको तलाश करके ठिकाने लगा चुका होता क्योंकि उसकी सारी परेशानियों की जड़ यह थी कि वह कोई और या कुछ और नहीं था कि वह, वह था। सिर्फ वह ! वही !

शुरू-शुरू में यदि उसने चाहा होता तो कुछ और भी हो सकता था, पर वह कुछ और नहीं हुआ। बात यह है कि तब वह जवान था। आँखें मजबूत थीं। सपने देख सकती थीं, तो उसने अपनी आँखों को कोई और काम सिखलाया ही नहीं और फिर ऐसा हुआ कि सपनों का बाजार मंदा हो गया और जिंदगी बाजार का उतार-चढ़ाव होकर रह गई। जब तक चीनी पाँच रुपये किलो तक मिली, वह लश्टम-पश्टम सपने देखता रहा। फिर चीनी साढ़े पाँच रुपये किलो हुई, सात रुपये किलो हुई, पंद्रह रुपये किलो हो गई, और नींद उड़ गई। और जब नींद ही उड़ गई तो कोई सपना क्या देखे, ठेंगा ! नींद तो सपने की रोटी है न ! सपने आदमी की तरह सख़्त जान नहीं होते। आदमी तो रोटी बिना कुछ दिन जी सकता है। हिंदुस्तानी आदमी

ने तो रोटी बिना जीने का विश्व रिकार्ड कायम किया है। दो-सवा दो सौ साल से रोटी बिना जी रहा है। पर सपने तो नींद बिना एक रात नहीं जी सकते···तो क्या वह भी अपने सपनों के साथ किसी श्मशानघाट पर जला दिया गया होगा या किसी कब्रिस्तान में दफ़ना दिया होगा ?

इस सवाल ने उसे झिंझोड़ दिया। क्या यह भी हो सकता है कि मैं मर चुका हूँ और मुझे अपने मरने की ख़बर न मिली हो ? हाँ, हो क्यों नहीं सकता, इस दुनिया में सब कुछ हो सकता है भई ! आदमी चाँद पर जा सकता है, आदमी न्यूट्रॉन बम बना सकता है। आदमी, आदमी से नफ़रत कर सकता है, उसे क़त्ल कर सकता है। उसके हाथों क़त्ल हो सकता है। आदमी पंद्रह रुपये किलो चीनी बेच सकता है। आदमी श्रीमती गांधी को कुर्सी से हटा सकता है। आदमी उन्हें फिर कुर्सी पर बिठा सकता है। आदमी तो निहायत गड़बड़ चीज़ है। कुछ भी कर सकता है। कुछ भी हो सकता है। अगर मुझे अपने मरने की सूचना न मिली हो तो इसमें आश्चर्य की क्या बात है ! यह सोचकर उसने यह तय किया कि अपनी चिंता फ़िज़ूल है। घर लौट चलना चाहिए, तो वह घर लौट आया। और घर आकर उसने देखा कि वह तो गहरी नींद सो रहा है। अपने-आपको सोया हुआ पाकर उसने इत्मीनान का एक लंबा साँस लिया···क्योंकि सोने का मतलब यह था कि वह कोई सपना देख रहा था। पंद्रह रुपये किलो चीनी के भाव के युग में भी वह सपना देख रहा था।

वह लेट गया। थोड़ी देर जागता रहा, फिर खुद अपने आप में समा गया।

अभिनंदन

जगजीवन राम साहब, पढ़े-लिखों की इस सभा में मैं अपने आपको बहुत छोटा दिखाई दे रहा हूँ। मेरी उम्र तो खैर, कम नहीं है, परंतु साहित्य उम्र के गज़ पर नापा कब जाता है। क्योंकि, यदि नापा जाता तो हम सबके पिता हम सबसे बड़े साहित्यकार साबित हो जाते। मैं यह हरगिज़ नहीं कह रहा हूँ कि हमारे पिता हमसे अच्छे साहित्यकार हो ही नहीं सकते। अवश्य हो सकते हैं। जो न हो सकते तो हम आज यहाँ इकट्ठा ही क्यों हुए होते।

दिनकर जी।

इक्का-दुक्का साहित्यकार, अवश्य, हमसे अच्छे साहित्यकार हैं। उनकी रचनाएँ, अवश्य, हमारी रचनाओं से ज्यादा टिकाऊ हैं। क्योंकि हम तो वर्तमान की डोर में ऐसा जकड़े हुए हैं कि हिलना-डुलना मुश्किल हो रहा है। यही वर्तमानवाद शायद हमारी सबसे बड़ी ताकत भी है और सबसे बड़ी कमज़ोरी भी।

हम वर्तमान से इतना मिले हुए खड़े हैं कि भरपूर वर्तमान भी नहीं दिखाई दे रहा है। आधुनिक साहित्य से मुझे यही शिकायत है। और मुलजिमों के कठघरे में खड़ा हूँ। सरकारी मुलजिम हूँ। पर हमेशा ज़िंदा रहने के लालच में मैं इस वर्तमानवाद को त्यागने पर भी तैयार नहीं हूँ। क्योंकि यह वर्तमानवाद मेरा शौक़ नहीं, मेरा पेशा नहीं, मेरा आदर्श है।

और यहीं से यह बात निकलती है कि साहित्यकार को कमिटेड होना चाहिए या ऩहीं ? और क्या कमिटमेंट साहित्य को प्रोपगंडा बना देता है ? मैं इन सवालों के जवाब में नहीं उलझता क्योंकि मेरे पास अपना एक सवाल मौजूद है। मैं यह पूछता हूँ कि क्या साहित्य जिंदगी और हुस्न, जीवन और सौंदर्य के प्रोपगंडे के सिवा कुछ है ? यदि है, तो मैं उस साहित्य से परिचित नहीं हूँ।

यदि हमें वर्तमान से जूझना है तो हमें यह बताना पड़ेगा कि इस युग के महाभारत में हम किस तरफ़ हैं। हमें यह बताना पड़ेगा कि हमारा नाम कृष्ण है या दुर्योधन।

दिनकरजी तो इस युग के महाभारत में काव्य का रथ चला रहे हैं और इसलिए

उन्हें सलाम करना हमारा फ़र्ज़ है।

लेकिन यहीं मैं एक कड़वी बात भी कहना चाहता हूँ। ज्ञानपीठ पुरस्कार पाने से पहले भी दिनकरजी इतने ही बाँके शायर थे। जो उन्हें पुरस्कार न मिलता तब भी वह इतने ही बाँके शायर होते। कोई पुरस्कार साहित्यकार से बड़ा नहीं होता। पर हमारे मुल्क की परंपरा ही अजीब है। नोबेल पुरस्कार के बाद हमें पता चला कि टैगोर कोई अच्छे शायर हैं। निराला के काव्य के बूते पर माया प्रेस वाले लखपती बन गए और निराला को खुद अपनी शायरी का ज़हर पीकर मर जाना पड़ा। और हमने उन्हें मर जाने दिया। इनके जैसे शायर को हमने, पागलों की तरह, लखनऊ की सड़कों पर बच्चों से कोई नया लतीफा पूछते देखा और कुछ नहीं किया। ग़ालिब को, पेंशन की फिक्र में दर-ब-दर गिड़गिड़ाते देखा। मजाज़ को एक शराबखाने की छत पर मुर्दा पाकर हमने धूमधाम से दफ़न कर दिया। इस मुल्क में कवि और एक लाख रुपये का मिलन बेजोड़-सा लगता है।

कहते हैं लक्ष्मी और सरस्वती में पुराना बैर है। यह इसलिए कहते हैं कि साहित्यकार और कलाकार अपनी गदागरी की शिकायत न करें। यह इसलिए कहते हैं कि हम साहित्यकार को समाज में कोई जगह देने पर तैयार नहीं हैं। यह इसलिए कहते हैं कि हम साहित्य को कोई सीरियस चीज़ नहीं मानते। शायर से हम यह पूछते हैं कि वैसे आप काम क्या करते हैं। हम अपने साहित्यकारों को चंदे से दफ़न करना चाहते हैं ताकि हम यह कह सकें कि वह हमारा साहित्यकार था।

दिनकरजी, आप तो बड़े खुशनसीब हैं कि हमने आपको आपकी ज़िंदगी में बड़ा शायर मान लिया।

ज्ञानपीठ पुरस्कारों से शायद इस चेतना का आरंभ होता है कि लक्ष्मी पर सरस्वती का भी कुछ हक है और इसलिए मैं इस पुरस्कार का स्वागत करता हूँ। पर यह जरूर कहूँगा कि इस पुरस्कार से दिनकरजी की इज्ज़त नहीं बढ़ी है। दिनकरजी से इस पुरस्कार की इज्ज़त बढ़ी है। यह समझिए कि समाज ने हमारी बे-ख़्वाब रातों, हमारे प्यासे दिनों और हमारे बेहद अनुभवों का एक साल का सूद अदा किया है। पर यह समाज फिर भी हमारा कर्जदार है और यह समाज हमेशा कर्जदार रहेगा।

कहने के लिए और भी कई बातें हैं पर, दुर्भाग्य से मैं यहाँ एक उर्दू साहित्यकार कीहैसियत से बुलाया गया हूँ। उर्दू साहित्यकार होना कोई दुर्भाग्य की बात नहीं है। क्योंकि कौन ऐसा पागल होगा जो मीर, अनीस और ग़ालिब जैसे शायरों का रिश्तेदार बनना पसंद नहीं करेगा। फिर भी जब हेमराज जी ने मुझे यह लिखा कि वह मुझे उर्दू साहित्यकार के नाते बुला रहे हैं तो मैं सोच में पड़ गया कि यह उर्दू साहित्य क्या है। क्या मराठी, बंगला, तमिल या पंजाबी साहित्य की तरह यह कोई स्वतंत्र साहित्य है ? यदि है तो उर्दू एक स्वतंत्र भाषा भी है और यदि उर्दू कोई भाषा है तो मैं उसका प्रतिनिधि नहीं हूँ। मैं तो एक ग़ालिब की तरह हिंदी का शायर और

प्रेमचंद की तरह हिंदी का कथाकार हूँ। उर्दू केवल एक लिपि है। और लिपि साहित्य का आधार नहीं होती। लिपि केवल वस्त्र है। भाषा भी मनुष्य ही की तरह कपड़े पहनकर पैदा नहीं होती। चोंचले में माँएँ बच्चों को फ्राक पहना दें तो बच्चे जात के अंग्रेज नहीं हो जाते। पर यदि आप यह नहीं मानते और लिपि ही को सबकुछ समझते हैं तो मलिक मुहम्मद जायसी को उर्दू का शायर मानिएँ क्योंकि पद्मावत फारसी लिपि में लिखी गई थी। कुतुबन, ताज़ और उस्मान से भी हाथ धो लीजिए कि यह लोग भी देवनागरी में नहीं लिखते थे।

आत्महत्या के कई आसान तरीके भी हैं, तो हम गले में किसी लिपि का पत्थर बाँधकर डूबने क्यों ज़ाएँ ?

मैं हिंदी का लेखक हूँ और मैं अपनी हिंदी उर्दू लिपि में भी लिखता हूँ और देवनागरी में भी और ज्ञानपीठ पुरस्कार पाने पर, दिनकरजी मैं आपको हिंदी के एक गुमनाम साहित्यकार की हैसियत से बधाई देता हूँ।

खुली बात

[1]

गंगा के पाठकों से क्षमा चाहता हूँ कि जो खुली बातें मैं उनसे किया करता था वह इधर कुछ दिनों से बंद पड़ी थीं। दोष न मेरा है न गंगा का। दोष है इस देश की राजनीति का। ईमानदारी ऐसा पुराना सिक्का हो गई है जिसका बाज़ार में चलन नहीं। किसी खुदाई-वुदाई में कहीं आरक्यालोजी वालों के हाथ लग जाय तो और बात है।

मगर खुदा का लाख-लाख शुक्र है कि हिंदू-मुसलमान दंगों की फ़स्ल इस बरस अच्छी जा रही है। उठान तो अच्छी है। पंजाब के हिंदू-सिख चक्कर में पड़कर हम लोग हिंदू-मुसलमान दंगों को तो लगभग भूल ही चले थे। पर भला हो बनातवाला, मौलाना बुख़ारी और सैयद शहाबुद्दीन का, और भगवान लंबी उम्र दे बाल ठाकरे और देवरस जी को कि जिनकी कृपा से यह धंधा फिर शुरू हो गया है। हिंदुस्तान में जिस दिन इन जैसे देशभक्त नहीं रह जाएँगे उस दिन जीने का मज़ा भी आधा ही रह जाएगा। मैं तो समाचार-पत्रों में बोफ़ोर्स की ख़बर से पहले दंगों की ख़बर खोजता हूँ। और जब किसी छोटे या बड़े दंगे की ख़बर पढ़ लेता हूँ तब आराम का साँस लेता हूँ यह सोचकर कि मैं अपने देश ही में हूँ। मुझे लगता है कि पंजाब में जितने हिंदू मारे जा चुके हैं उतने हरिजन और मुसलमानों को मारे बिना हिसाब बराबर नहीं हो सकता।

मैंने दंगों पर रोना बंद कर दिया है क्योंकि मुझे लाशों को धर्मों के आधार पर बाँटने की कला नहीं आती। मैं तो केवल यह देखता हूँ कि एक नागरिक मरा पड़ा है। एक बाप, एक भाई, एक पति···एक माँ, एक बहन, एक बेटी···एक परिवार मरा पड़ा है। घर हिंदू या मुसलमान या सिख, या हरिजन या ब्राह्मण नहीं होते। घर तो घर होते हैं।···जब नया-नया बंबई आया था तो एक शेर लिखा था :

रातें परदेस की, डरता था, कटेंगी कैसे
यह सितारे तो वही हैं मेरे आँगन वाले

इसीलिए मैं अक्सर अपने आप से यह पूछता रहता हूँ कि यह सितारे सच्चे हैं या श्री बाल ठाकरे। और कहते हैं कि हमारे मुख्यमंत्री महीनों से श्री ठाकरे के भाषणों के कैसेट सुन रहे हैं। लेकिन यह है क्या कि हमारी सेक्यूलर राजनीति के कान कुछ ख़राब हो गए हैं। जो बात नहीं सुनना चाहती वह तो बेचारी सुन ही नहीं पाती ! मैं यह बात श्री ठाकरे से बार-बार पूछता रहता हूँ कि वह इस्लाम और मुसलमान में कुछ फ़र्क़ समझते हैं या नहीं। क्योंकि इस्लाम दुश्मनी और मुसलमान दुश्मनी दो अलग-अलग चीज़ें हैं। इस्लाम एक ख़याल है। मगर मुसलमान एक जीता जागता आदमी है। उसे चोट लगती है। उसके घाव से खून बहता है। उसकी लाश देखी जा सकती है। और फिर यह कि बहुत से मुसलमान उतने ही मराठी भाषी हैं जितने कि स्वयं श्री बाल ठाकरे। इसलिए यह तो कोई राजनीति नहीं हुई कि खेत खाए गदहा और मार खाए जोलहा !

यदि उन्हें कोई शिकायत है भी तो वह चार-पाँच सौ बरस पुराने मुगलों से है। तो यह गुस्सा वह पाँच सौ बरस बाद मराठी मुसलमानों पर क्यों उतार रहे हैं ? उन मुगलों के ज़माने में यह हिंदू पहचान क्यों नहीं ढूँढ़ी गई ? पाँच सौ बरस पहले हिंदू धर्म को ख़तरे में क्यों नहीं महसूस किया गया जब वह ख़तरे में हो भी सकता था। आज हिंदू धर्म, या हिंदू पहचान को क्या ख़तरा हो सकता है ? बाला साहब देवरस भी भारतीय जनता पार्टी के नेताओं को यह राय देने लगे हैं कि उस पार्टी को अपना सेक्यूलर चोला उतार देना चाहिए।...इसी पर याद आया कि बरसों पहले राष्ट्रपिता नंबर-2, स्वर्गवासी श्री जयप्रकाश नारायणजी ने बड़ी छानबीन के बाद यह कहा था कि 90 प्रतिशत दंगों के लिए मुसलमान ज़िम्मेदार हैं। यानी वह भी हिंदू-मुसलमान के आगे न देख पाए। या शायद उन्होंने इससे आगे देखने का जतन ही नहीं किया। यह दंगे तो हिंदू-मुसलमान करते ही नहीं। हिंदू-मुसलमान तो बस इन दंगों में मारे जाते हैं ! तो जिस जनता पार्टी के पिता श्री जयप्रकाश होंगे उसकी राजनीति के घूरे पर सैयद शहाबुद्दीन ही जैसे सियासी कुकुरमुत्ते ही उग सकते हैं।

पंजाब को ले लीजिए। मुझे यक़ीन था कि बाइ इलेक्शनों से पहले सरकार स्वर्ण मंदिर को आतंकवादियों से ख़ाली करवा लेगी। सवाल यह है कि अगले बरस आम चुनाव से पहले क्या होगा ? देवरसजी का आशीर्वाद तो प्रधानमंत्री को मिला ही हुआ है। सरकार भारतीय लोकतंत्र को हिंदू, मुसलमान और सिख वोटरों में एक तरफ़ और ठाकुरों और हरिजनों में दूसरी तरफ़, लगभग, बाँट ही चुकी है। इसलिए मुझे लगता है कि सेक्यूलरिज़्म की बातों के बावजूद सरकारी पार्टी आनेवाला चुनाव हिंदू टिकट पर लड़ेगी। और अगर सरकारी पार्टी ने यह भूल की तो अगला चुनाव वह हार भी जाएगी क्योंकि हिंदू बहुमत कभी हिंदुस्तान को हिंदू सांप्रदायिकता के हाथों में नहीं जाने देगा ! यह बात मैं अपने जैसे लोगों का जी खुश करने के लिए नहीं कह रहा हूँ। आप हिंदुस्तान के पिछले तमाम चुनाव देख डालिए। हिंदुओं ने

कभी किसी हिंदू पार्टी को वोट नहीं दिया है और यही कारण है कि हिंदुस्तान का संविधान अभी तक ज़िंदा है। जनसंघ अपने बूते पर हिंदुस्तान में कहीं सरकार बनाने में सफल नहीं हुई। और हिंदू महासभा को तो हिंदुओं ने कभी मुँह ही नहीं लगाया। जनसंघ को सबसे ज़्यादा सीटें उस चुनाव में मिली थीं जिसमें वह जनता पार्टी की छत्रछाया में चुनाव लड़ी थी और सारे विरोधी दलों ने उसकी सहायता की थी। जनता सरकार के टूटने के बाद जब जनसंघ ने भारतीय जनता पार्टी का चोला पहना तब भी हिंदुओं ने उसे मुँह नहीं लगाया। और बात यहाँ तक पहुँची कि बाला साहब देवरस को, शिवसेना से डरकर, यह कहना पड़ा कि भारतीय जनता पार्टी को सेक्यूलरिज़्म का लबादा उतारकर फिर हिंदू हो जाना चाहिए !

इसलिए मैं तो इसे देश का दुर्भाग्य मानता हूँ कि देश की सबसे बड़ी पार्टी राजनीति और देशभक्ति के सारे सबक़ बिल्कुल ही भूल चुकी है। वह अब देश के लिए चुनाव नहीं लड़ती। अपने लिए चुनाव लड़ती है···और कुर्सी-कुर्सी करके लड़ती है। मिसाल के तौर पर इलाहाबाद से अमिताभ बच्चन ही को खड़ा करना चाहिए था। चुनाव लड़ने का महत्त्व कभी-कभी चुनाव जीतने से ज़्यादा हो जाता है। यदि इस चुनाव में अमिताभ खड़े होते तो आम लोगों तक बहुत-सी बातें पहुँचाने का मौका मिलता। उन बातों से मेरा सहमत होना ज़रूरी नहीं है ! अमिताभ श्री वी. पी. सिंह से पूछ सकते थे कि आप चुनाव लड़ रहे हैं या अमिताभ से आपकी कोई ज़ाती लड़ाई है ? यदि कोई ज़ाती लड़ाई है तो उसे चुनाव के मैदान में लाकर आप चुनाव और भारत की जनता और इलाहाबाद का अपमान कर रहे हैं। आप तो इस लायक नहीं कि ज़रा-सी भी राजनीतिक समझ-बूझ रखनेवाला आपको सलाम करे या आप से सलाम करे। आपकी जीत तो भारतीय लोकतंत्र की हार है। यदि मैं इलाहाबाद में वोटर होता तो यह बातें सुनने के बाद, कांग्रेस विरोधी होने के बावजूद, श्री सिंह को वोट न देता।···यूँ ही अमिताभ यह भी पूछ सकते थे कि अगर अजिताभ ने बेईमानी की है तो इससे यह साबित नहीं होता कि हरिवंशलाल बच्चन बुरे शायर हैं। बाप की शायरी और बेटे के फ्लैट में बड़ा फ़र्क़ होता है। यूँ ही अगर अजिताभ ने बेईमानी की है तो उसका दंड बड़े भाई अमिताभ को क्यों दिया जाय ?

और फिर एक बात यह भी है कि यह बात तो मैं मानता हूँ कि ईमानदारी बहुत अच्छी चीज़ है पर जब यही बात मैं बेईमानों के मुँह से सुनता हूँ तो दिल में एक शक बैठ जाता है कि भैया सँभल के। कहीं यह ईमानदारी भी तो बेईमानों की कोई चाल नहीं !

हम लोग विज्ञापनों के युग में जी रहे हैं। हम लोग विज्ञापनों ही पर भरोसा करते हैं क्योंकि अपने आप पर से तो हमारा भरोसा कब का उठ चुका है। हद तो यह है कि समाचार-पत्रों में आज समाचार कम और विज्ञापन ज़्यादा होते हैं। राजनीति में भी विज्ञापन ही चल रहे हैं। दूरदर्शन प्रधानमंत्री का एक बड़ा बोरिंग

विज्ञापन है। जब समाचार आने लगते हैं तो बहुत टेंस हो जाता हूँ। समाचारों से ज़्यादा मेरा ध्यान इसमें लगा रहता है कि अब तक प्रधानमंत्री महोदय क्यों नहीं आए। फिर जब वह आ जाते हैं तब मैं रिलैक्स होता हूँ लेकिन फिर उसके बाद कोई समाचार ही नहीं रह जाता। और फिर प्रधानमंत्री महोदय की हिंदी ! अमिताभ तो उनके दोस्त हैं। उन्हें चाहिए कि वह प्रधानमंत्री से कहें कि ब्रदर, आप बड़ी सड़ी हुई हिंदी बोलते हैं। जो सड़ी हुई होने के साथ-साथ बहुत-ही ग़लत भी होती है। उनकी हर तक़रीर हिंदी भाषियों के दो-चार वोट तो रोज़ ही कम कर रही होगी। मेरे ख़याल में दुनिया का कोई प्रधानमंत्री अपने देश की मातृभाषा का इतना अपमान और वह भी लगातार इतना अपमान नहीं करता होगा जितना हमारे प्रधानमंत्री करते रहते हैं ! तो मेरे सामने यह सवाल है कि मैं अपनी मातृभाषा को बचाऊँ या प्रधानमंत्री को ? दोनों को बचाना तो मेरे बस में नहीं है।

तो अब आप ही बताइए कि इन दोनों में से किसे बचाया जाय ? कौन देश के लिए ज़्यादा ज़रूरी है ?

आपके पत्रों की प्रतीक्षा करूँगा।

[2]

सुना है कि आजकल दिल्ली अमृता प्रीतम और कृष्णा सोबती की ले-दे का तमाशा देख रही है। कृष्णाजी ने अमृताजी के खिलाफ़ कोई केस ठोंक दिया है कि 'जिंदगी नामा' शीर्षक उनकी निजी जायदाद है। मेरी समझ में नहीं आता कि कृष्णाजी को यह राय किसने दी ? कृष्णाजी बहुत अच्छे उपन्यास लिखती हैं। मैं उनके खुरखुरे स्टाइल की बड़ी इज्ज़त करता हूँ कि आज के लिए चिकने स्टाइल की जरूरत नहीं है। उनके कलम में बड़ी ताकत है। लेकिन यह बात फिर भी सही है कि 'जिंदगी नामा' उनकी निजी जायदाद नहीं है। फारसी और उर्दू में ऐसे नामों की परंपरा पुरानी है और यदि बात मुकदमे की है तब तो कृष्णाजी को उन लोगों के खिलाफ़ भी मुकदमा दायर करना पड़ेगा जो उनसे सदियों पहले पैदा हुए और लिख-लिखा के मर-खप भी गए। मिसाल के लिए निशाती को ले लीजिए। बीजापुर का यह शायर शायद इब्राहीम आदिल शाह के युग में था और उसने इब्राहीम आदिल शाह और औरंगज़ेब की लड़ाई के बारे में एक मसनबी लिखी। उस मसनबी का नाम मसनबी अली नामा है और शायद यह मसनबी देवनागरी में भी प्रकाशित हो चुकी है। यह तो हुए पुराने। अब नये को लीजिए ख़लीलुर्रहमान आज़मी या शायद शहरयार के काव्यसंग्रह का नाम नया अहमद नामा। सफर नामा तो आपने भी सुना होगा। फिर 'शादी नामा' एक चीज़ होती है जिसमें किसी ब्याह की बातें लिखी गई हों। 'बिलादत

नामा' में पैगंबर साहब की पैदाइश का हाल लिखते हैं। क़ानून की दुनिया में तो नामों की हद नहीं 'मुख़्तार नामा', 'विकालत नामा', 'तलाक़ नामा', 'निकाल नामा', 'रेहन नामा', 'सुलह नामा'···वगैरा-वगैरा। वैसे 'मुख़्तार नामा' उर्दू में एक किताब भी है जिसमें करबला का दूजि के बाद उनका बदला लेने के लिए यज़ीद के खिलाफ़ मुख़्तार ने जो बगावत की थी उस बगावत का बयान है···कहने का मतलब यह है कि कृष्णाजी ने भिंड़ों के इस छत्ते में हाथ ही क्यों डाला। क्योंकि नामे तो बहुत हैं और यदि अमृताजी ने फारसी और उर्दू के बुजुर्गों को सफाई का गवाह बना लिया तो कृष्णाजी मुश्किलों में पड़ सकती हैं।

लगता ऐसा है कि कृष्णाजी और अमृताजी में किसी बात पर अनबन हो गई है। यदि ऐसा है तो हिंदी और पंजाबी के बड़े-बूढ़ों को बीच-बचाव करवा देना चाहिए। क्योंकि, खासतौर पर आज जबकि हिंदुस्तान के दरवाज़े पर एक गहरा अँधेरा दस्तक दे रहा है, कवियों और कथाकारों को यह शोभा नहीं देता कि वह अपने कर्तव्य को पीछे ढकेलकर एक-दूसरे पर कीचड़ उछालने का काम शुरू कर दें। कीचड़ उछालना यूँ भी कोई साफ़-सुथरी हॉबी नहीं है !

उर्दू में यही हरकत प्रसिद्ध प्रगतिशील शायर मज़रूह सुलतानपुरी कर रहे हैं। उन्हें साहिर लुधियानवी के मरने के बरसों बाद यह बात अब याद आई कि साहिर तो अपने गीत लिखा ही नहीं करते। उनके गीत तो जाँ निसार अख़्तर और खुद मज़रूह साहब लिखा करते थे। दुर्भाग्य से साहिर भी मर चुके हैं और जाँ निसार अख़्तर भी ! तो अब यह कैसे पता चले कि मज़रूह साहब झूठे हैं या सच्चे ? पर यह बात सच्ची है कि मज़रूह साहब साहिर से जलते बहुत थे और साहिर भी उन पर जुमले कसने से चूकते नहीं थे पर यदि मज़रूह और साहिर के फिल्मी गीतों पर ध्यान दिया जाय तो यह बात साफ़ दिखाई देती है कि साहिर के गीतों पर मज़रूह साहब की भाषा या स्टाइल का कोई असर नहीं है इसलिए मुझे तो यही लगता है कि मज़रूह साहब झूठ बोल रहे हैं। परंतु जाँ निसार का असर कहीं-कहीं दिखाई देता है परंतु इसका कारण यह भी हो सकता है कि साहिर और जाँ निसार गहरे दोस्त थे, दिन-रात का साथ उठना-बैठना था···लेकिन मैं इस बहस में पड़ना भी नहीं चाहता, मुझे यह बात बहुत घटिया मालूम होती है कि एक साथी के मर जाने के बाद इस क़िस्म की बातें उठाई जाएँ। यदि मज़रूह साहब सच्चे हैं तो उन्हें यह बात साहिर और जाँ निसार के जीते जी उठानी चाहिए थी।

इस पर याद आया कि मुस्लिम यूनिवर्सिटी के उर्दू के भूतपूर्व अध्यक्ष श्री ख़ुर्शीदुल इस्लाम ने एक दिन बड़े जोश में मुझे यह बताया था कि वह यह साबित करने के लिए एक किताब लिख रहे हैं कि ग़ालिब शिया नहीं सुन्नी थे !

यह हमसे ज़िम्मेदार साहित्यकारों का हाल है तो फिर मैं नेताओं की बात क्या करूँ। स्वर्गीय जगजीवन राम जी आठ-दस वर्ष तक इनकम टैक्स देना भूल गए तो

क्या हुआ वह नेता थे। एन.टी. रामाराव जी इनकम टैक्स का बकाया नहीं भर रहे हैं तो क्या हुआ वह मुख्यमंत्री हैं। एम.जी. आरजी जो बकाया इनकम टैक्स भर रहे हैं तो क्या हुआ वह मुख्यमंत्री हैं। उनके घरों पर छापा पड़ेगा, न कुर्की जाएगी। छापों और कुर्की के लिए हम लोग जो हैं...

यह उन दिनों की बात है जब बाबू जगजीवन राम जी मंत्री थे और मोरारजी भाई को श्रीमती गांधी डिसमिस कर चुकी थीं। मैं हॉफिंग सर्विस से दिल्ली जा रहा था। जहाज अहमदाबाद में उतरा। पहले मोरारजी भाई आए। फिर जगजीवन राम जी, पर इन दोनों बूढ़ों में अलैक-सलैक तक नहीं हुई कहीं जो हो चुकी थी। मैं मजरूह साहब वाली हरकत नहीं कर रहा हूँ। मोरारजी भाई ज़िंदा हैं और उन्हें यह सफर याद भी होगा क्योंकि उनकी याददाश्त अच्छी है !

मैं कहना यह चाहता हूँ कि इस देश का भविष्य नेताओं के हाथों में सुरक्षित नहीं है। कलाकार भी ज़िंदगी नामा पर झगड़ रहे हैं। धर्म नफ़रत चटा रहा है। मार्क्सवाद चुनाव लड़ रहा है और चुनाव जीतने के लिए वही सारे हथकंडे इस्तेमाल कर रहा है जो दूसरे करते हैं। उसमें भी ब्राह्मण क्षेत्र से किसी बनिए को पार्टी टिकट देने की हिम्मत नहीं है। वह भी मुस्लिम लीग और जनसंघ के साथ मिली-जुली सरकारें बना चुका है। ज्योति बसु का हिंदुस्तान बंगाल से आगे नहीं बढ़ता और श्री राजीव गांधी का कहना है कि कलकत्ता एक मरता हुआ शहर है। मैं यह कहता हूँ कि

कि इस हिंदुस्ताँ, जन्नतनिशाँ में
कोई ज़िंदा नगर
बस्ती
महल्ला
किस तरफ़ है ?
जिसे हिंदुस्ताँ कहते हैं हमसब
वो मुर्दा बस्तियों का एक कब्रिस्तान है अब
वो इक शमशान है अब

और इस देश को संजीवनी बूटी ज़िंदा नहीं कर सकती। इसे जिंदा रखने के लिए अपने दिल का खून देना पड़ेगा। इसके कवियों को, इसके कथाकारों को, संगीतकारों को, इसके शिल्पकारों को, चित्रकारों को। इसलिए कृष्णा सोबतियो, अमृता प्रीतमो, मजरूह सुलतानपुरियो अपने छोटे झगड़ों को भूल जाओ, और अपने देश को बचाने के लिए अपनी आवाज़ों, अपने साज़ों, अपने रंगों और अपने कलमों की ढाल लेकर निकलो क्योंकि हममें से किसी की शायरी, किसी का उपन्यास, किसी का सितार, किसी का सरोद, किसी के घुंघरू इस देश से बड़े नहीं हैं।

और अगर देश की फिक्र नहीं हो फिर क्या है। आराम से घर बैठकर मृणाल सेन, सत्यजीत राय, मुजफ्फ़र अली और अमोल पालेकर के टी.वी. सीरियल देखिए 'यात्रा', 'कभी दूर, कभी पास', 'जाने आला और नकाब'...

लगता है यह मुल्क भीतर-बाहर दोनों तरफ़ से दीवालिया हो चुका है...

[3]

सन् '85 में एक नज़्म लिखी थी 'कलकत्ता मर रहा है', वह सुनिए :

न जाने कौन-सा अख़बार था वह
किसी नेता का इक भाषण छपा था
कि कलकत्ता तो कब का मर चुका है
(कि शायद मर रहा है)
मुझे मिलता जो वह नेता
तो उससे पूछता इतना
कि भैयन यह बता दो
कि इस हिंदुस्तान
जन्नतनिशाँ में
कोई ज़िंदा नगर
बस्ती महल्ला किस तरफ़ है ?
जिसे हिंदुस्ताँ कहते हैं हमसब
वो मुर्दा बस्तियों का एक क़ब्रिस्तान है अब
वो इक शमशान है अब

यह दूसरी नज़्म 'दारों जंजीर का रास्ता' भी सन् '85 की ही एक घटना है :

शाम की मलगुजी रोशनी
'आज' के क़ातिलों का पता पूछती
अपने 'कुल' के लिए करबला ढूँढ़ती
शहरे बादे सबा की तरफ़ जाने वाला कोई रास्ता पूछती
मेरे दिल की तरफ़ आ गई
मेरे दिल ने कहा
आज के क़ातिलों का पता भी वही
तेरे 'कल' की क़सम, करबला भी वही

शहरे बादे सबा के लिए
दारों जंजीर का रास्ता भी वही

क्या यह दूसरी कविता पहली कविता का नतीजा है ? मैं अपने आप से यह सवाल करके डर गया। शायद इसलिए डर गया कि अब मुझमें 'दारों जंजीर' के रास्ते पर चलने की हिम्मत नहीं रह गई है। पर कवि है। उपन्यासकार है। नागरिक है। पेशावर नेता नहीं है कि जो न देखना चाहे वह न देखूँ। मैं सिर्फ यह नहीं देख सकता कि कलकत्ता मर रहा है। मुंबई भी मर रहा है। बंगलौर मर रहा है। मद्रास मर रहा है। हैदराबाद मर रहा है। अहमदाबाद मर रहा है। गंगा मर रही है। गोदावरी, कृष्णा मर रही है। जंगल मर रहे हैं···इस महान् बल्कि सुपर महान् देश में जी कौन रहा कि कलकत्ते के मरने पर अफ़सोस किया जाय ?

क्या मुर्दा बस्तियों के इस मुल्क हिंदुस्तान में कोई ज़िंदा है ? यदि है तो मैं आज उसी से बात करना चाहता हूँ।

समाजवाद, पूँजीवाद, यह वाद, वह वाद की तो मैं बात करना नहीं चाहता। मैं तो तनख़्वाहवाद की हुक्मरानी देख रहा हूँ। रुपये के सिवा कोई मूल्य नहीं रह गया है। सारे आदर्श उसी के चारों तरफ़ नाच रहे हैं। यह नाच भरत नाट्यम, कथक या कथकली नहीं। यह एक बेताल, बेहूदा, बलगर, बेहया नाच रहा है। और हर आदमी या लगभग हर आदमी आईनों के एक जंगल में अकेला खड़ा यह नाच नाच रहा है और अपने आप को देख-देखकर खुश हो रहा है।

तनख्वाह···यह एक नकेल है। हमारी नाक में पड़ी हुई है और हम सब हालात की डुगडुगी पर नाच रहे हैं। ताक धिना धिन, ताक धिना धिन···भाई की जेब से बहनों की महक आती है। हमारा समाज एक बहुत बड़ा सर्राफ़ा है। बेटियों, बहनों की हंडिया दी और ली जा रही है···कि क्लर्क हेड क्लर्क बन जाए··· कि अंडर सेक्रेटरी, सेक्रेटरी बन जाए···नौकरी। तनख्वाह तरक्की···

इस कीचड़ में प्रधानमंत्री ने यह देखा है कि कलकत्ता मर रहा है कि वहाँ मार्क्सवादियों की हुकूमत है कि वहाँ कांग्रेस (आई) की हुकूमत है।

चालीस लाख आदमी उन झोंपड़पट्टियों में रह रहे हैं जो रोज गिराई जाती हैं और फिर उग आती हैं क्योंकि चालीस लाख आदमियों को रहना तो उन्हीं 'चीज़ों' में है जिन्हें हम मज़बूरन झोंपड़ी कहते हैं क्योंकि उस 'चीज़' का अभी तक हम कोई 'अच्छा-सा' नाम नहीं रख पाए हैं।

अस्सी लाख आदमियों के इस महानगर मुंबई में चालीस लाख आदमी खुले में गंदे नालों की बदबू ओढ़े जी रहे हैं और यदि हिंदू हैं तो दूसरे भी रह रहे हैं। लगभग 50 प्रतिशत लोग ! और इस महानगर की गिनती दिल्ली सरकार ज़िंदा शहरों में करती है !

और मज़े की बात यह है कि मुंबई में ज्यादातर वह झोंपड़पट्टियाँ हटाई जा रही हैं जिनमें मराठी भाषी नहीं रहते और कुछ लोगों का शायद यह सवाल है कि अमराठी भाषी झोंपड़ियाँ गिरा देने से 'आमची मुंबई' न केवल यह कि 'मराठी मुंबई' हो जाएगी बल्कि 'सुंदर मुंबई' भी हो जाएगी !

कुछ ऐसा नहीं लगता कि यह वही समस्या है जो इंग्लैंड के गोरे मजदूरों के सामने है। पहले तो सस्ते विदेशी मजदूर लाए और अब जब बेरोजगारी फैल रही है तो कुछ लोग यह कह रहे हैं कि विदेशियों को निकाल बाहर करो तो क्या सुंदर मुंबई में काम करनेवाले अमराठी भाषी लोग विदेशी हैं ?

पंजाब में मुसलमान कालीन मजदूर सिखों की तरह दाढ़ियाँ रख रहे हैं। कुछ हिंदुओं ने भी दाढ़ियाँ उगा ली हैं कि सिख दिखाई दें और संत भिंडरावाला के चेलों या टकसाली आतंकवादियों के हाथों मारे जाने से बच जाएँ। अहमदाबाद में फिर बलवों का मौसम आ गया है। मैं प्रस्ताव करता हूँ कि अहमदाबाद का नाम बदलकर बलवा शहर या दंगा नगर रख दिया जाय। पर यदि यह प्रस्ताव स्वीकार कर लिया गया तो दूसरे बहुत सारे शहर और कस्बे भी इस नाम पर अपना हक़ साबित करने लगेंगे--नतीजे में हिंदुस्तान में इस एक नाम के सैकड़ों शहर और क़स्बे हो जाएँगे और डाकतार विभाग के कर्मचारियों को बड़ी कठिनाई होगी।

पर कुछ तो किया जाय जिससे केंद्रीय और क्षेत्रीय सरकारों और अखिल भारतीय और क्षेत्रीय राजनीतिक संस्थाओं, संघों, सेनाओं और दलों को शर्म आए।

हम देश ही का नाम बदल के 'क्षेत्रीस्तान' क्यों न रख लें ? हम कोई अच्छा-सा रख लें अपने वीराने का नाम।

वह जो दूसरी नज़्म सुनाई 'दारों जंजीर का रास्ता' क्या वह बेबसी के इस एहसास, इस नामर्द झल्लाहट का नतीजा है। क्योंकि इन नज़्मों से कुछ पहले की एक नज़्म 'बावन साल पुरानी आँखें' में मैं यह कह चुका हूँ कि :

लड़ते-लड़ते हार गए हम
लगता है बेकार गए हम

यह आखिर मुझे क्या हो रहा है ? और क्या मेरे जैसे तमाम पुराने बहादुरों का यही हाल है ? क्या हम अब सिर्फ़ अपनी पुरानी दीवानगी की पेंशन खाने को जी रहे हैं।

दूसरों के बारे में तो मैं कुछ नहीं कह सकता पर अपने आप से कभी-कभी अब मुझे बड़ी शर्म आती है।

मैं अपने उपन्यासों और अपनी कविताओं के सामने सर झुकाए खड़ा हूँ--मुजरिमों की तरह कभी मैंने ही कहा था :

ढल चुकी उम्र की धूप अब तो बड़े हो जाव...

परंतु अब शायद बड़े होने की हिम्मत नहीं रह गई है। मैं पंजाबियों, बंगालियों, मराठियों, हिंदुओं, मुसलमानों, सिखों, हरिजनों और ब्राह्मणों के लिए बड़ा होना नहीं चाहता।

मैं एक डरे हुए बच्चे की तरह अपनी माँ की गोद में छिप जाना चाहता हूँ पर मेरी माँ पंजाब, सिंध, गुजरात, मराठा की भीड़ में कहीं गुम हो गई है। अगर वह आपको कहीं दिखाई दे जाय तो मेहरबानी करके मुझे सूचना दीजिए।

[4]

आजकल हिंदुस्तान में एक बवंडर नाच रहा है। अगिया बैताल लुक्कारे दौड़ रहा है। राजनीति के कच्चे-पक्के सारे पहलवान ताल ठोंककर अखाड़े में कलाबाजियाँ खा रहे हैं...और चवन्नी क्लास पब्लिक यानी हम-आप जैसे साधारण लोग तालियाँ बजा रहे हैं कि तमाशा तो अच्छा है !

अभी सूरजकुंड में एक मेला लगा था। वी.पी. सिंह के कांग्रेस से निकाले जाते ही विरोधी दल के बौने नेताओं ने वी.पी. सिंह को लपक लेने का चक्कर चलाया और मज़े की बात यह है कि अभी वी.पी. सिंह का क़द भी नापने से डर भी रहे हैं कि जो यह भी बौने ही निकले तब क्या होगा।

मेरा सुझाव है कि तले-ऊपर कई नेताओं को खड़ा किया जाय तो शायद एक पूरे आदमी का क़द निकल आए। इनमें से तो कोई भी ऐसा नहीं जिसकी तस्वीर दिल की दीवार तो दूर, कमरे की दीवार पर भी टाँगी जा सके।

और जब मैं 'विरोधी दल' कहता हूँ तो कांग्रेस (आई) को भी उसमें शामिल मानता हूँ क्योंकि सबसे बड़ा विरोधी दल तो वही है ! क्योंकि अवसरवाद और समझौतावाद कांग्रेस राजनीति ही की देन हैं !!

बहुत पीछे जाने की जरूरत नहीं, अपने ही युग में रहिए और बताइए कि देश का बँटवारा समझौता था कि नहीं। इतना बड़ा फैसला करने का अधिकार कांग्रेस को किसने दिया था ? क्या कांग्रेस के नेताओं ने कांग्रेस के किसी खुले...देश का बँटवारा स्वीकार करने की आशा तो थी ? क्या यह मुल्क मुस्लिम लीग और लार्ड माउंट बैटन का था कि उन्होंने जो चाहा, वह कर लिया और हम भारत माता की जय बोलते सारे जहाँ से अच्छा हिंदुस्ताँ हमारा गीत रह गए और पता चला कि एक रात को बारह बजे वह सारे जहाँ से अच्छा हिंदुस्तान अपंग हो गया ! और आज तक किसी ने मेरे घायल वतन को मरहम-पट्टी करने की ज़रूरत भी

नहीं समझी···इस घिनावने समझौते का जवाब आज तक कांग्रेस पर उधार है और चूँकि उस कांग्रेस की उत्तराधिकारी कांग्रेस (आई) है इसलिए उसे इस सवाल का जवाब देना पड़ेगा।

मैं प्रसिद्ध वकील राम जेठमलानी की तरह ख़त लिखने का शौकीन नहीं हूँ। मैं पूरब का गँवार सीधे प्रश्न पूछता हूँ और सीधे जवाब चाहता हूँ।

तो देश का बँटवारा करके कांग्रेस ने कुर्सी झपट ली। कुर्सी पाने के तुरंत बाद बल्लभ भाई पटेल और जवाहरलाल नेहरू में जो रस्साकशी शुरू हुई वह उसी समझौते का परिणाम थी। पर यह दोनों क़द में इतने बड़े थे कि इस रस्साकशी को भूल गए। परंतु यहाँ एक बात याद दिलाना आवश्यक है। बल्लभ भाई पटेल ने जूनागढ़ में रायशुमारी करवाने की जो राजनीतिक मूर्खता दिखाई उसी के नतीजे में कश्मीर का काँटा आजतक हमारे गले में अटका हुआ है। सवाल यह है कि यदि जूनागढ़ के लोगों से पूछा गया तो कश्मीर के लोगों को यह अधिकार क्यों नहीं दिया गया ! और आज पंजाब के लोगों को वह अधिकार क्यों न दिया जाय ? क्या बुनियादी सवालों पर राय देने का अधिकार केवल हिंदुओं को है ? यह एक कड़वा सवाल है···और आज मैं यह सवाल न कर रहा होता अगर 39 वर्ष पहले पटेल-नेहरू जोड़ी ने हमसे पूछे बिना हमारे देश का बँटवारा न स्वीकार कर लिया होता। यदि स्वतंत्रता ठीक रास्ते से आई होती तो आज सर्वश्री बाल ठाकरे यह न कहते कि वह दशहरे के दिन मुसलमानों के ख़िलाफ़ एक तक़रीर करने वाले हैं···बाज़ लोगों की सोच की सुई हिंदू-मुसलमान सवाल के घिसे हुए रिकार्ड पर अटकी हुई है ! क्या मुसलमान के ख़िलाफ़ बोलने से या हरिजनों को ज़िंदा जलाने से, या सिखों को दूर से और दूर करते जाने से सूखे की समस्या हल हो जाएगी ? बेरोजगारों को रोज़गार मिल जाएगा ? क्या लोगों को पीने का पानी मिलने लगेगा ? क़फ़न के कपड़े का दाम गिर जाएगा ? चिंता की लकड़ी कुछ सस्ती हो जाएगी ?···लेकिन यह नफ़रतें देश के बँटवारे की औलादें हैं और यह अब जवान हो गई हैं ! हम आज भी वहीं खड़े हैं, जहाँ 15 अगस्त सन् '47 को खड़े थे—पता नहीं उस शर्मनाक समझौते की कीमत हमें कब तक देनी पड़ेगी !

लेकिन चूँकि स्वतंत्र भारत की बुनियाद ही एक समझौते पर है इसलिए समझौतों से अब तक हमारा पिंड नहीं छूटा है।

वर्षों हम गांधीजी की लाश देखकर ऐश करते रहे फिर यह कि नेहरू जैसा आदमी प्रधानमंत्री था। नेहरू के मरते की प्रश्न उठा कि प्रधानमंत्री कौन हो ? तो लाल बहादुर शास्त्री पर समझौता हुआ। उनकी किस्मत अच्छी थी। भारत-पाकिस्तान युद्ध हो गया और उनका क़द थोड़ा-सा बढ़ गया पर उनके देहांत के बाद फिर यह प्रश्न उठा कि अब प्रधानमंत्री कौन हो ? तो श्रीमती गांधी पर समझौता हुआ पर उनके युग तक आते-आते राजनीति के सट्टा बाजार में गांधीजी की लाश का दाम

बहुत गिर चुका था। और श्रीमती गांधी को यह बात मालूम थी कि राष्ट्रपति का अँगूठा छाप मशीन होना जरूरी है। क्योंकि हस्ताक्षर तो वही करेगा। इसीलिए हम देखते हैं कि जाकिर साहब के बाद से राष्ट्रपति का क़द छोटा होने लगा ! वी.वी. गिरि, फख़रुद्दीन अली अहमद, संजीवा रेड्डी, जैल सिंह और...

राजनीति का क्षेत्र समझौतों का क्षेत्र होकर रह गया है। सब कहीं-न-कहीं किसी-न-किसी से समझौता कर रहे हैं और देश की बुनियादों की ईंटें सरकती जा रही हैं।

धर्म भगवान या अल्लाह या क्राइस्ट या गौतम बुद्ध या गुरु नानक देव की तरफ़ देखने की जगह हिटलर की तरफ़ देखने लगे हैं। एक धार्मिक का राक्षस हज़ारों सड़कों, कारखानों, बाज़ारों में अपना नंगा नाच नाच रहा है और लाउडस्पीकर लगाकर अपने होने का एलान कर रहा है। देवरसजी कहते हैं कि वह पहले हिंदू हैं तब कुछ और हैं। दिल्ली में शाही इमाम कहते हैं कि वह पहले मुसलमान हैं फिर भारतीय हैं। स्वर्ण मंदिर के पाँच प्यारे कहते हैं कि वह पहले सिख हैं फिर हिंदुस्तानी या खालिस्तानी हैं। श्री बाल ठाकरे कहते हैं कि वह पहले मराठी हैं फिर हिंदुस्तानी हैं। करुणानिधि कहते हैं कि वह पहले तमिल हैं फिर भारतीय हैं। एन.टी. रामाराव कहते हैं कि वह पहले तेलुगू हैं फिर हिंदुस्तानी हैं···यानी मुझ जैसे कुछ पागलों के सिवा पहले हिंदुस्तानी कोई नहीं है !

राजीव गांधी पहले क्या हैं यह पता नहीं। वी.पी. सिंह पहले क्या हैं यह पता नहीं···ऐसे ही और भी बहुत से नाम हैं जिनकी पहचान गायब है या जिन्होंने अपनी पहचानों को छिपा रखा है। कुछ लोग अपनी पहचान के दोराहे पर खड़े हैं जो यह फैसला नहीं कर पा रहे हैं कि किधर जाएँ जैसे कांग्रेस के बचे-खुचे पक्षी !

हालत यह है कि जिसे वोट चाहिए वह धर्म-निरपेक्ष नहीं हो सकता। जिसे वोट चाहिए वह भारतीय भी नहीं हो सकता क्योंकि आज अगर कोई अपने भारतीय होने के टिकट पर चुनाव लड़े तो उसकी जमानत ज़ब्त हो जाएगी। सारे भारत में चुनाव जीतने के लिए क्षेत्रवाद और कट्टरवाद से समझौता जरूरी है क्योंकि हिंदुस्तान में हिंदुस्तानी एक अल्पसंख्यक वर्ग है। संसद का चुनाव जीतना तो दूर वह म्युनिसिपल चुनाव नहीं जीत सकता।

तो फिर समझौतों, खोई हुई और छिपाई हुई पहचानों, धर्म के राक्षसों भरे इस जंगल में हम थोड़े से हिंदुस्तानी क्या करें ?

जवाब सीधा है, या तो लड़ें या आत्महत्या कर लें—जैसे मेरे 'टोपी शुक्ला' ने आत्महत्या कर ली थी।

[5]

आजकल हिंदुस्तान में चौमुखी हवा चल रही है। कोई दिशा नहीं। और इसलिए अच्छे या बुरे किसी मौसम, किसी अच्छी या बुरी ऋतु का पता नहीं। और ऐसे में 'ओझाओं' की बन आई है। कोई किसी प्रेत को उतार रहा है। कोई अगिया बैताल से लड़ रहा है। कोई पवन चक्की से भिड़ा हुआ है। डॉन क्विकज़ोट हर युग में जन्म लेते रहते हैं। हमारे यहाँ भी एक डिप्टी नज़ीर अहमद हुआ करते थे जिन्होंने मिर्ज़ा ज़ाहिरदार बेग नाम का एक पात्र गढ़ा था जिसके घर में कोई ताला नहीं था पर जिसके कमरबंद से कुंजियों का एक गुच्छा लटकता रहता था। फिर रतन नाथ सरशार ने एक पात्र गढ़ा जिसकी कमर में क़रौली नहीं थी और शायद इसीलिए वह बात-बात पर कहा करता था कि न हुई क़रौली···

आजकल हमारी राजनीति इन्हीं डॉन क्विकज़ोटों, ज़ाहिदार बेगों और ख़ाजियों से भरी हुई है। बोफोर्स पर ऐसा हंगामा है जैसे यहाँ आज तक किसी ने बेईमानी की ही न हो। अरे साहब बेईमानी तो हमारे जीने का ढंग है। मैंने बड़े-बूढ़ों को यह कहते सुना है कि तनख़्वाह तो ऐसी ज़्यादा नहीं है पर ऊपर की आमदनी अल्लाह या भगवान की दया से काफ़ी है। पहले लोग बेटों को थानेदार बनाना चाहते थे कि थानेदारी में ऊपर की आमदनी बहुत है। फिर लोग बेटों को इंजीनियर बनवाने लगे और फिर डॉक्टर।···फिर दुबई फैशन में आ गया।···यह मैं आम लोगों की बात कर रहा हूँ। तो फिर राजीव गांधी या अमिताभ में कौन से सुर्खाब के पर लगे हैं कि हम उनके बारे में इतना शोर करें।

अगर मैं यह मान भी लूँ कि अमिताभ ने बेईमानी की तो क्या क़यामत आ गई ? भारतवर्ष में हर आदमी को बेईमानी करने का अधिकार है। स्वतंत्र भारत की सरकारें हमेशा से बेईमानों की रक्षा करती चली आ रही हैं। यदि ऐसा न होता तो क्या यह संभव हो सकता था कि स्वर्गीय जगजीवन रामजी दस बरस तक इनकम टैक्स देना भूल जाते ? यदि ऐसा न होता तो श्री वी.पी. सिंह को, अपने नेता राजीव गांधी की बेईमानियाँ सरकार से निकाले जाने के बाद ही क्यों दिखाई देतीं ? श्री सुभाष घई को अजिताभ स्कैंडल के बाद ही क्यों पता चलता कि अमिताभ के साथ फिल्म बनाने में बजट के अंदर रहना संभव नहीं है ? भारतीय जनता पार्टी को श्री वी.पी. सिंह के सरकार से निकलने के बाद ही यह पता क्यों चला कि साहब वह तो ऐसे ईमानदार आदमी हैं कि उन्हें प्रधानमंत्री बना देना चाहिए। कांति भाई देसाई की उन्नति की कहानी हमें याद है। यदि कांति भाई को इतनी तेजी से तरक्की करने का हक़ था तो वही हक़ अजिताभ को क्यों नहीं ?···यह कहानी लंबी भी है और पुरानी भी। इसे याद करके हम उदास तो हो सकते हैं पर सरकार बदलने की बात करने का क्या मतलब है साहब। क्या मैं यह पूछ सकता हूँ कि स्वर्गीय

संजय गांधी की समाधि राष्ट्रीय नेताओं की समाधि के पास क्यों है ? यह सवाल मैंने तब भी उठाया था पर तब भी कोई जवाब नहीं मिला था और अब भी कोई जवाब नहीं मिलेगा। यह जो बागी कांग्रेसी हैं यह तब कहाँ थे और क्या कर रहे थे ?

जहाँ तक राजीव गांधी के प्रधानमंत्री होने का सवाल है मैं पहले दिन से यह कहता चला आ रहा हूँ कि उन्हें तो प्रधानमंत्री बनने का अधिकार ही नहीं। पर कांग्रेस ने अपनी बहुमत की जूती सुँघाकर लोकसभा को बेहोश कर दिया था। भूतपूर्व राष्ट्रपति को उनकी मुस्कान पसंद आ गई थी। मुझे मोरारजी भाई का प्रधानमंत्री होना भी गलत लगा था, जिन्हें जयप्रकाश नारायण ने इस देश को एक चमार प्रधानमंत्री से बचाने के लिए हमारे सरों पर थोप दिया था। हमारा सेक्यूलर देश, जिसका संविधान जातपाँत नहीं मानता, किसी चमार, या भंगी, या सिख, या मुसलमान या ईसाई को प्रधानमंत्री स्वीकार नहीं कर सकता। संविधान चाहे कुछ कहता हो पर यह देश केवल ब्राह्मणों और राजपूतों का है। कायस्थ इन दोनों के दुमछल्ले हैं। राजीव गांधी ददिहाल की तरफ़ से तो शूद्र हुए कि हिंदू नहीं पर ननिहाल की तरफ़ से तो कौल ब्राह्मण हैं ही। अब चूँकि उनका बेटा अभी बहुत छोटा है और प्रधानमंत्री नहीं हो सकता इसलिए यारों ने यह अटकलपच्चू शुरू कर दी है कि राजीव गांधी के बाद कौन प्रधानमंत्री होगा। कई नाम लिये जा रहे हैं। नरसिंह राव, अरुण नेहरू, वी.पी.सिंह, हेगड़े, एन.टी. रामाराव, चंद्रशेखर···वगैरा-वगैरा।

मेरा तो ख़्याल यह है कि इन सबसे अच्छा प्रधानमंत्री तो स्वयं मैं ही हूँ पर साहब आप लोग मेरे भरोसे न रहिएगा। मैं फिल्मों में अमिताभ और क्रिकेट में सुनील गावस्कर की जगहें लेने को भी तैयार हूँ। यह बात मैंने इसलिए साफ़ कर दी कि बाद में कोई यह न कहे कि राही साहब ने तो वक़्त पर धोखा दे दिया।

आजकल कुछ लोग यह कहते सुने जा रहे हैं कि अमिताभ तो गया। मैंने अपनी तरफ़ से बहुत पता चलाने की कोशिश की कि वह कहाँ गए पर पता न चला और मेरे पास इतना पैसा नहीं कि फेयरफैक्स वालों को उनके पीछे लगा सकूँ। पर मेरी इत्तिला यह है कि वह कहीं नहीं गए। वहीं जमे हुए हैं जहाँ थे। यदि जनता पार्टी या लोकदल या भारतीय जनता पार्टी को अमिताभ के चले जाने का इतना यकीन है तो वह यह क्यों कहते फिर रहे हैं कि वह उनकी फिल्में रिलीज़ नहीं होने देंगे ? यदि हिंदुस्तान एक लोकतंत्र है तो यह फैसला दर्शकों पर छोड़ देना चाहिए कि वह अमिताभ की फिल्में देखना चाहते हैं या नहीं चाहते। और या फिर आप राजीव गांधी को भी कोई मीटिंग न करने दीजिए।

आज तक तो राजनीति ने फिल्म की तरफ़ ध्यान ही नहीं दिया था तो फिर आप आज उसे अपनी ज़ाती अदावतों का अलड़ा क्यों बनाना चाहते हैं ? चुनाव की राह देखिए और यदि अमिताभ चुनाव लड़े तो उन्हें हराने की कोशिश कीजिए।

यदि अमिताभ ने कोयले की दलाली की भी है तो उसकी सजा फिल्म क्यों भुगते ? लोग उन्हें हटाकर पुराने घिसे हुए नोटों को बाज़ार में चलाने की कोशिश कर रहे हैं और कुछ लोग तो नकली नोटों को चलाने का चक्कर भी चला रहे हैं। सुना है कि सुभाष घई फिर दिलीप कुमार के घर के चक्कर काट रहे हैं। दिलीप कुमार आतिशबाजी का एक ऐसा नाशपाल है जिसका बारूद जल चुका है। अब उनके पास केवल दो हाथ रह गए हैं जिसे वह अपने चेहरे और कैमरे के बीच लाते रहते हैं।

दिलीप कुमार पर याद आया कि सुभाष घई ही की तरह राजीव गांधी भी जूने पुराने नोटों को बाज़ार में ला रहे हैं। कमलापतिजी से जान छूटी तो वह उनसे भी जूने पुराने आदमी को पकड़ लाए। सुना है कि प्रणव बाबू भी लाए ही जानेवाले हैं। सिद्धार्थ शंकर राय को ला ही चुके हैं। मुझे लगता है कि अंतुले भी आ ही जाएँगे।…क्या यह डूबता तिनकों का सहारा ढूँढ़ रहा है ? दोनों कम्युनिस्ट पार्टियों के हाथ खींच लेने से उनकी हालत अवश्य कुछ और पतली हो गई है पर मेरी अब भी यही राय है कि प्रधानमंत्री बदलने के लिए यह मौसम अच्छा नहीं है। क्योंकि जो आएगा वह भी राजीव गांधी ही की तरह बे-रीढ़ का आदमी होगा तो फिर यही 'बेरीढ़ा' क्यों नहीं।

भारतीय राजनीति के बदन में रीढ़ की हड्डी है ही नहीं। हमने अवसरवाद का नाम बदल के राजनीति रख लिया है। लोक-कल्याण सिमट-सिमटा कर स्वयं अपना कल्याण बन गया है। देश जाता है तो जाए पर हम न जाएँ। लेकिन ज़िंदगी दूरदर्शन से सुनाया जानेवाला न्यूज़ बुलेटिन नहीं है कि आप जलील अब्बासी को जलील अब्बासी कहकर साफ़ निकल जाएँगे। ज़िंदगी किसी को माफ़ नहीं करती और वह ख़ून की एक-एक बूँद और भूत के एक-एक क्षण का हिसाब लेगी।

[6]

यह सागर मंथन की घड़ी है। अमृत भी निकलेगा और विष भी। यह पता नहीं कि विष पीनेवाले कितने निकलेंगे क्योंकि अमृत पीनेवालों की तो भीड़ लग रही है और मैं यह सोच रहा हूँ कि क्या शंकर भगवान के उत्तराधिकारियों की संतान बिल्कुल ही खत्म हो चुकी है ? यदि नहीं तो हमारे महान् भारतवर्ष के बुद्धिजीवी कहाँ हैं ? क्या मैं यह समझ लूँ कि यह सन्नाटा बाँझ है और इसकी कोख में कोई तूफ़ान नहीं ? सामाजिक कार्यकर्ताओं, अध्यापकों, कवियों और लेखकों ने चुप क्यों साध रखी है ? बस वही बोल रहे हैं जिनका पेशा राजनीति है ?

श्री राजीव गांधी या श्री अमिताभ बच्चन मेरी समस्या नहीं है। मेरी समस्या

है मेरा यह देश जिसके बारे में जहाँगीर ने कहा था कि जो ज़मीन पर कहीं जन्नत है तो वह यहीं है। मैं उसी जन्नत को तलाश कर रहा हूँ और वह मुझे दिखाई नहीं दे रही है। मेरे चारों ओर तो बेरोज़गारी, भूख, जन हरिजन, हिंदू, मुसलमान, सिख लाशों का एक चटियल मैदान पड़ा है। न आदम न आदमज़ाद। फूलों की महक पर लाशों की महक की तहें जमी हुई, स्कूलों में नफ़रतों की किताबें खुली हुई, क़ानून की बंदूकों में सांप्रदायिकता की गोलियाँ मलैना गाँव में चलनेवाली गोलियाँ वास्तव में मुझ जैसे लाखों लाख भारतीय नागरिकों का सीना छेद गई हैं परंतु क्या पी.ए. सी. को बुरा-भला कहकर कलेजा ठंडा कर लेना काफ़ी है ? मैं सवाल यह जानना चाहता हूँ कि यदि पी.ए.सी. में मुसलमानों का बहुमत होता तो क्या होता ? क्या वह मलैना के हिंदुओं को जीने देती ? जो ऐसा होता तो हम मलैना में सर झुकाए खड़े हिंदू लाशें गिन रहे होते।

इसलिए ख़तरे की बात यह नहीं कि कहाँ हिंदुओं ने मुसलमानों को मार गिराया और कहाँ सिखों ने हिंदुओं को। ख़तरे की बात यह है कि हम धर्म के आधार पर लाशों को छाँटकर अलग-अलग रखने लगे हैं। यानी हम जैसों के लिए भी आदमी का कोई महत्त्व नहीं। यानी हिंदू-मुसलमान तख्ती लगाए बिना हम आदमी को पहचानने की शक्ति खो चुके हैं इस स्थिति का परिणाम क्या होगा ?

मैं जानना यह चाहता हूँ कि हम कहते तो यह हैं कि हर पाँचवें वर्ष हम देश के आदमी गिनने निकलते हैं पर सच तो यही है कि हम हिंदू, मुसलमान, ब्राह्मण, हरिजन गिनकर लौट आते हैं। इसीलिए कोई मुझे यह नहीं बता पाता कि हिंदुस्तान में आदमी कितने हैं और शायद इसीलिए यहाँ कोई आदमी की समस्या पर सोचने के लिए तैयार नहीं है। किसी को शायद ठीक से पता ही नहीं कि यहाँ आदमी रहते भी हैं कि नहीं रहते। वोट तो धर्मों के पास हैं, जातियों के पास हैं। क्षेत्रों के पास हैं। लोकतंत्र का यही तो ऐब है कि यह वोट चबाकर जीता है। यदि वोटों तक इसका हाथ यूँ नहीं पहुँचेगा तो यह वोट तोड़ने के लिए लाशों के ढेर पर भी खड़ा हो जाएगा। इसलिए आवश्यक है कि किसी तरह वोटों को धर्म, जाति और क्षेत्र से मुक्ति दिलाई जाए।

इस संबंध में मैं कई प्रधानमंत्रियों को लिख चुका हूँ। क्या बतलाना ज़रूरी है कि किसी प्रधानमंत्री ने यह तक बताना ज़रूरी न जाना कि वह मुझे यह तक बता देते कि उन्हें मेरा ख़त मिल गया।

मेरा कहना यह है कि हम चार बरस तक सांप्रदायिकता के विरोध में डट कर भाषण देते हैं परंतु पाँचवें बरस धर्मवाद और जातिवाद के नाम पर वोट माँगते हैं। मुसलमान क्षेत्र से मुसलमान और हिंदू क्षेत्र से हिंदू को खड़ा करते हैं। और यह पाप दाहिने हाथ की पार्टी भी करती है और बाएँ हाथ वाली पार्टी भी। भारतीय जनता पार्टी भी ग्वालियर से श्री सिकंदर बख्त को नहीं खड़ा कर सकती। सी.पी.

एम. भी सुरक्षित क्षेत्र खोजती है। कांग्रेस की तो बात ही करना बेकार है। क्योंकि वह तो बोफ़ोर्स, फेयरफैक्स, अमिताभ बच्चनों और वी.पी. सिंहों में उलझी हुई है। पर अब लगने लगा है कि विरोधी दलों के पास भी 'राजीव हटाव' के सिवा कोई और प्रोग्राम नहीं है। हद तो यह है कि मार्क्सवादी कम्युनिस्ट पार्टी भी इसी खटारा गाड़ी पर लपक कर सवार हो गई है। राजीव गांधी को ज़रूर हटाया जाय पर उनकी जगह बिठाया किसे जाय ? मैं एक बार इंदिरा गांधी को हटाने का तमाशा देख चुका हूँ। आज की हालत तब से भी ज़्यादा ख़राब है। चंद्रशेखर, बहुगुणा, अटल बिहारी वाजपेयी, विश्वनाथ प्रताप सिंह, बाल ठाकरे, एन.टी.आर., प्रोफ़ेसर दर्शन सिंह, मोरारजी भाई···किसे प्रधानमंत्री बनाया जाय ? कम-से-कम मैं तो फिर 19 महीनों का जुआ खेलने पर तैयार नहीं हूँ।

जरूरी बात यह है कि पहले चुनाव क़ानूनों में परिवर्तन किए जाएँ। उन्हें धर्म, जातिवाद और क्षेत्रवाद से मुक्ति दिलाई जाय जिसका एक तरीका यह भी हो सकता है कि संशोधन द्वारा संविधान में यह सुधार किया जाय कि व्यक्ति से चुनाव लड़ने का अधिकार ले लिया जाय। नेशनल पार्टियाँ संसद के लिए चुनाव लड़ें और क्षेत्रीय पार्टियाँ विधान सभाओं के लिए। इन चुनावों में कोई कैंडिडेट नहीं होगा।

मैं भला उस आदमी को कैसे क्षमा कर सकता हूँ जिसे अपने दोस्तों की सुरक्षा मेरे देश की सुरक्षा से ज्यादा प्यारी हो ? जो मेरे वतन के घाटे पर अपने ससुरालियों को मालामाल कर रहा हो ? जो हमारी सेना के लिए हमारी सेना ही के रद्द किए हुए शस्त्र खरीद रहा हो ? और जिसकी जेब में राजनीति का कोई सिक्का ही न हो ? मैं राजीव गांधी को तो नहीं कह सकता परंतु जब तक कोई मुझे कोई कायदे का प्रधानमंत्री नहीं दिखलाता तब तक मैं राजीव गांधी को हटाने की कोशिश करने को तैयार नहीं हूँ।

[7]

खुली चिट्ठियाँ

अल्लाह मियाँ और श्रीराम के नाम

आदरणीय अल्लाह मियाँ और श्रीरामचंद्रजी की सेवा में राही मासूम रज़ा का सादर प्रणाम ! आप दोनों की सेवा में निवेदन है कि मैं खैरियत से हूँ, मतलब यह है कि अभी तक किसी हिंदू-मुस्लिम दंगे में मारा नहीं गया।

मैं आप दोनों को मेरठ और दिल्ली के दंगे पर हार्दिक बधाई देता हूँ ! आशा करता हूँ कि आप दोनों मिल-मिला कर दंगों की यह आग जल्दी ही सारे उत्तरी भारत

में फैला देंगे, और यूँ भारत की लोकप्रिय सरकार की पंचवर्षीय योजना को सफल बनाने में उसे अपना पूरा सहयोग देंगे।

इन सांप्रदायिक दंगों और इन धार्मिक धंधों से देश का बड़ा लाभ होता है। नंबर एक यह है कि लोगों के मारे जाने से खुद-ब-खुद परिवार योजना सफल हो जाएगी क्योंकि बाँस कम होंगे तो बाँसुरियाँ भी कम बजेंगी। नंबर दो यह कि लोग मरेंगे तो बेरोज़गारी की समस्या भी एक हद तक हल हो जाएगी। जो लोग मारे जाते हैं उनकी जगहें खाली हो जाती हैं और यूँ उतने लोगों को रोजगार मिल जाता है और यदि मरनेवाले बेरोजगार हों तो रोजगार के लिए उतनी ऐप्लिकेशनें कम हो जाती हैं ! ऐसे ही और भी बहुत से फायदे हैं। इसलिए आप दोनों मेरे देश पर यूँ ही दयादृष्टि बनाए रहें, भारतवर्ष में हिंदू-मुस्लिम दंगे करवाते रहें क्योंकि इन बलवों के बिना भारतवर्ष का कल्याण नहीं हो सकता।

थोड़े लिखे को बहुत जानिए, ख़त को तार समझिए और जल्द ही कुछ और कट्टरवादी नेता बनाइए ताकि वह ज्यादा-से-ज्यादा हिंदू-मुसलमान दंगे करवा सकें।

आप दोनों का एक साधारण भक्त
राही मासूम रज़ा

भड़कानेवालों को सज़ा देनी चाहिए !

श्री अरुण शौरी, संपादक : इंडियन एक्सप्रेस

आज (22 मई) आपका संपादकीय पढ़ा। मजा आ गया। शीर्षक के सिवा सभी कुछ गलत है। मिसाल के तौर पर आपने मेरठ के जिलाधीश के हवाले से कुछ पुलिस वालों के इस बयान का जिक्र किया है जिसे 'सच, पूरा सच और सच के सिवा कुछ नहीं' मानकर आपने मेरठ के मुसलमानों को इन बलवों का जिम्मेदार ठहराया है। मेरठ के जिलाधीश का कहना है कि मेरठ के एक कट्टरवादी मुसलमान मुहल्ले की मस्जिद का मुल्ला लाउडस्पीकर पर कह रहा था कि 'मुसलमान ख़तरे में हैं !'

नमाज़ पढ़कर मुसलमान निकले और फ़साद शुरू हो गया !!

अरुण जी आप तो एक बड़े दैनिक समाचार पत्र के संपादक हैं और मेरा ख़याल था कि अपनी गलत राजनीति के बावजूद आप में बहुत समझ और चुटकी भर ईमानदारी होगी। परंतु या तो आप सख्त बेईमान हैं या फ़िर बहुत ही नासमझ और इन दोनों हालतों में आप इस लायक नहीं कि किसी दैनिक समाचार-पत्र की जिम्मेदारी सँभालें। आप ज्यादा-से-ज्यादा किसी हिंदू कट्टरवादी पार्टी के प्रोपगंडा सेक्रेटरी होने के लायक हैं !!

आइए पहले आपके इस संपादकीय ही की बात करें। आप 'खोजी पत्रकार'

हैं तो आपने कुछ बेनाम पुलिसवालों के सुने-सुनाए बयान पर यह फैसला कैसे कर लिया कि मेरठ के दंगे एक मस्जिद से निकलकर मेरठ नगर को एक पागल कुत्ते की तरह झँझोड़ रहे हैं ?

मैं यह नहीं कहता श्रीमान कि मुसलमान दंगा कर नहीं सकते क्योंकि हमनें उन्हें कट्टरवाद की दल-दल में खुद ही तो ढकेला है। खुद आपकी 'खोजी पत्रकारिता' भी शहाबुद्दीनों, सुलेमान सेतों, बनातवालाओं वगैरा के साथ इस जुर्म में शरीक है, जैसे शहाबुद्दीनों का दल यह नहीं चाहता कि भारतीय मुसलमान भारत में घुल जाएँ। उसी तरह आप और आर.एस.एस. और भारतीय जनता पार्टी और शिवसेना और विश्व हिंदू परिषद् वाले भी यह नहीं चाहते और यही भारतवर्ष की ट्रैजिडी है। दंगों के सिलसिले में मैंने पहली बार मस्जिद का जिक्र पढ़ा। नहीं तो अब तक धार्मिक स्थान कहा जाता था। आप शायद यह चाहते हैं कि यह आग मेरठ में सीमित न रहे। क्योंकि एक बार नगर में लगी आग तो बुझाई जा सकती है। आप शायद यह चाहते हैं कि यह आग फैले और सारे भारतवर्ष को अपनी लपेट में ले ले !!

क्या आपने मेरठ के जिलाधीश को छान फटक के देखा ? क्या आपको मालूम है कि उनकी राजनीति क्या है ? क्या आपने यह जानने की कोशिश की कि··· पुलिसवालों के नाम क्या हैं। उनका धर्म क्या है ? जाति क्या है ? राजनीति क्या है ? मुझे तो खुद यह जिलाधीश कट्टरवादी लगता है क्योंकि मुसलमान समुदाय ख़तरे में है का नारा सुनने के बाद उसने नमाज़ियों को शहर में आग लगाने के लिए मस्जिद से निकलने क्यों दिया ? उन्हें गिरफ़्तार क्यों नहीं किया ? उन पर गोलियाँ क्यों नहीं चलवाईं ? उन्हें मार क्यों नहीं डाला क्योंकि जो लोकतंत्र में जिहाद की बात करे वह देशद्रोही है और उसके साथ मुझे कोई हमदर्दी नहीं है ! पर वह तो बयान देने की जल्दी में था और आप संपादकीय लिखने की ! तो इन बातों पर सोचने का आप लोगों के पास समय कहाँ था ?

वह जिलाधीश तो 'खोजी पत्रकार' नहीं है। पर आप तो हैं ! क्या आप इतना भी नहीं जानते कि 'मुसलमान ख़तरे में हैं' मुसलमान कट्टरवादियों का नारा नहीं है। उनके पास तो एक ही नारा है कि इस्लाम ख़तरे में है।

आपके उस संपादकीय और मेरठ के जिलाधीश, दोनों ही पर सांप्रदायिकता की आग भड़कने का जुर्म साबित होता है और मैं आपकी इस माँग से सहमत हूँ कि यह आग भड़कानेवालों को कड़ी सजा मिलनी चाहिए।

'इस्लाम' 'हिंदू धर्म' 'सिख मत', इन्हीं तीनों चीज़ों के मिटने का डर फैलाना तो कट्टरवादियों का असली हथियार है !

और सच बताइए कि क्या मेरठ के जिलाधीश का बयान पढ़ने के बाद आपको पता चला कि जब कुछ लोग बहुत लोगों को भड़काने में सफल होते हैं तब ये दंगे होते हैं ! क्या दिल्ली, कानपुर, कलकत्ता, गांधीनगर वगैरा के वे दंगे जिनमें बेगुनाह

सिख सैकड़ों की तादाद में ज़िंदा जला दिए गए किसी के भड़काए बिना ही हो गए थे ? परंतु तब तो आपने ऐसा कोई संपादकीय नहीं लिखा ! क्या जबलपुर, जमशेदपुर, अलीगढ़, मुरादाबाद, अहमदाबाद, बड़ोदरा, बरूच, जलगाँव, पालेगाँव, थाणे, भिविंडी, पालनपुर और बंबई के वह हिंदू-मुसलमान दंगे जिनमें सैकड़ों बेगुनाह मुसलमान मारे गए किसी के भड़काए बिना ही हो गए थे ? परंतु इनमें से किसी दंगे पर भी आपने ऐसा संपादकीय नहीं लिखा !!

आधुनिक भारत का इतिहास बेगुनाह के ख़ून ही से लिखा जा रहा है। ख़ून का कोई धर्म, कोई मज़हब नहीं होता। ख़ून न हिंदू है, न मुसलमान, न सिख है, न हरिजन—ख़ून केवल हिंदुस्तानी है।

मेरठ का दंगा कोई इकलौता दंगा नहीं है। ये उन दंगों के सिलसिले की एक कड़ी है जो पिछले 40 वर्षों से उत्तर भारत की किसी-न-किसी बस्ती में होता ही रहा है। इसलिए महत्त्व इसका नहीं कि बलवा शुरू क्यों हुआ। सोचिए इस पर कि बलवे होते क्यों हैं ? लाशों का धर्म देखना छोड़िए। हर, उस लाश पर रोना सीखिए जो यह बलवे अपने पीछे छोड़ जाती है।

जो लोग लाशों का धर्म देखते हैं वह देशभक्त नहीं देशद्रोही हैं। जो लोग मुसलमानों को हिंदुस्तानी और हरिजनों को इंसान नहीं मानते वह देशद्रोही हैं !

इसी बात पर एक मज़ेदार बात याद आई कि अभी कुछ दिनों पहले श्री बाल ठाकरे ने कुछ हिंदू फिल्म निर्माताओं को बुलाकर उन्हें बड़ी डाँट पिलाई कि वह हिंदी फिल्मों में मुसलमान पात्रों को इतना अच्छा क्यों दिखाते हैं ? आप तो 'खोजी पत्रकार' हैं। जरा सोचकर बताइए कि श्री बाल ठाकरे ने ऐसा क्यों किया ? क्या इस प्रश्न पर आप कोई संपादकीय लिखने की सोच सकते हैं ?

आखिर में बस इतना कि 22 मई का संपादकीय लिखकर आपने भारत के सेक्यूलर संविधान का अपमान किया है। यह संपादकीय लिखकर आपने हिंदुओं और मुसलमानों के बीच की दूरी बढ़ाने की कोशिश की है और यदि भारत में कोई सरकार है तो यह उसका कर्तव्य है कि वह आपको इस घिनौने जुर्म पर कड़ी सज़ा दे !

शुभचिंतक

वह राही मासूम रज़ा जो आपसे कम हिंदुस्तानी नहीं है

सैयद शहाबुद्दीन वग़ैरा के नाम

क़िब्ला अस्लाम अलैकुम लिखकर मैं आप लोगों को सलामत रहने की दुआ देने का गुनाह नहीं कर सकता, क्योंकि आप हज़रात पर सैकड़ों बेगुनाह मुसलमानों और हिंदुओं के कत्ल का जुर्म काफ़ी है।

क़ाबिले लानत है वह हुकूमत जिसने वोटों के लालच में आप जैसों को बोलने की आज़ादी दे रखी है।...क्योंकि आप लोग हिंदुस्तान और हिंदुस्तानी मुसलमान दोनों के कट्टर दुश्मन हैं। आप लोग लगातार मेरे वतन हिंदुस्तान और मेरे मज़हब इस्लाम की तौहीन कर रहे हैं। हमारी सरकारें आपको पालती चली आ रही हैं कि आप लोग कोई-न-कोई करतब दिखलाते रहें और भारत के मुसलमानों को राष्ट्रीय धारा में मिलने से रोकते रहें। अल्लाह का घर तो आपके दिल में होना चाहिए था। आप उसे बाबरी मस्जिद या शाहबानो के तलाक़नामे में कब और क्यों रख आए ?

यदि आपको नफ़रत की खेती करने की यह खुली छूट मिली रही तो तीस-चालीस बरस में आप लगभग सारे हिंदुस्तानी मुसलमानों को कत्ल करवा डालने में सफल हो जाएँगे। गुस्ताखी मुआफ़, मुझे तो आप लोग कट्टरवादी हिंदुओं के एजेंट लगते हैं !!

अल्लामा इक़बाल को तो 'रहमतुल्लाह इलैट' कहते होंगे। आपसे दरख़्वास्त है कि रोज सुबह को तिलवते कलामे-पाक के बाद आप उनकी नज़्म 'नया शिवालय' पढ़ना शुरू कीजिए। खुदा ने चाहा तो इस्लाम का मतलब आपकी समझ में आ जाएगा।

एक हिंदुस्तानी मुसलमान
राही मासूम रज़ा

प्रधानमंत्री के नाम

आदरणीय प्रधानमंत्री जी, जयहिंद,

आशा है आप सुखद होंगे, हम लोग, अर्थात् भारत के साधारण नर-नारी तो सुखद नहीं हैं। परंतु मैं विश्व हिंदू परिषद्, हिंदू मंच, हनुमान सेना तथा दूसरी कट्टरवादी हिंदू संस्थाओं के साथ आपके या श्री बूटा सिंह जी तथा उत्तर प्रदेश के मुख्यमंत्री से त्यागपत्र की माँग नहीं कर रहा हूँ क्योंकि इसमें आपकी जगह या श्री बूटा सिंह की जगह या श्री वीर बहादुर सिंह की जगह जो भी आएगा वह आप ही लोगों जैसा होगा। देशभक्ति में कोरा। कुर्सी-भक्ति में संतों का संत, महासंत। आप सभी इस वक्त अपने बचाव की लड़ाई लड़ने में लगे हुए हैं। श्री जैल सिंह को उगलें या निगलें ? श्री वी.पी. सिंह को उठाएँ या बिठाएँ ? ब्राह्मण लॉबी को कैसे नीचा दिखाएँ ? अरुण नेहरू को कहाँ ले जाएँ ? फेयरफैक्स और बोफोर्स की जीती मक्खियों को दूध से निकालकर फेंक दें और दूध गटगटा जाएँ या दूध ही फेंक दें ? यह जो राष्ट्र में एक महाराष्ट्र है उसको क्या करें ? कांग्रेस (आई) को शिव सेना में मिला दें या इस महाराष्ट्र को हाथ से निकल जाने दें ? फीजी के हिंदुस्तानियों को

बचाने के लिए अपने हाथ दूत भेजें और हिंदुस्तान के हिंदुस्तानियों को बचाने के लिए कुछ न करें तो इसका परिणाम क्या होगा ? डेविस कप जरूरी है या अरब हम बेघर फिलिस्तीनियों के साथ हैं या यहूदी साम्राज्य के साथ ?…प्रश्नों की फिहरिस्त बहुत लंबी है। ऐसे में मेरठ जल रहा है तो आप क्या करें। दिल्ली लुट रही है तो आप क्या करें–इस दिल्ली को तो लुटने की आदत है।

दिल की वीरानी का क्या मज़कूर हो
यह नगर सौ मरतबा लूटा गया।।

मलयाना गाँव में पी.ए.सी. के जवानों ने घरों में घुसकर बेगुनाहों को कत्ल किया तो आप क्या करें ? यह तो पी.ए.सी. की परंपरा है। अस्सी-नब्बे करोड़ आदमियों वाले इस देश में हर आदमी की सुरक्षा करना तो संभव नहीं क्योंकि आप जानते हैं कि एक आदमी की सुरक्षा पर कितना खर्च होता है। आपको खुद अपनी और अपने दोस्तों की सुरक्षा पर होनेवाले खर्च का तो अंदाज होगा ही ना !!

कभी खाता मँगवाकर देखिए कि देश आपके नाना जवाहर लाल नेहरू की सुरक्षा पर कितना खर्च किया करता था और आज देश को आपकी सुरक्षा पर कितना खर्च करना पड़ रहा है ! कभी सोचिए कि ऐसा क्यों है ? आपके बच्चों को खेलने के लिए तरस जाना भी सेहतमंद बात नहीं है। मुझे यह सोचकर शर्म आती है कि श्री राय सिद्धार्थ, गुरु नानक और दूसरे अनगिनत संत सूफियों की मातृभूमि पर दो बच्चों के खेलने के लिए जगह नहीं निकल पा रही है !!

महोदय, आप अमरीका को तो जब उसकी नानी याद दिलवाएँगे तब देखा जाएगा पर आपकी दया से सारे देश को जो अपनी नानी याद आ रही है उसका क्या किया जाए ?

पर विश्व हिंदू परिषद्, हिंदू मंच, हनुमान सेना वगैरा ने जो यह माँग की है कि दिल्ली दंगे में मरनेवालों को एक लाख और घायल होनेवालों को पच्चीस हजार दिए जाएँ तो आप माँग अवश्य मान लीजिए क्योंकि यह बात गरीबों की आर्थिक दशा सुधारने में बहुत काम आ सकती है, क्योंकि, बलवे तो होते ही रहते हैं, तो धीरे-धीरे करके हर गरीब परिवार लखपती हो जाएगा और यूँ आप अपनी माता स्वर्गीय इंदिरा गांधी का गरीबी हटानेवाला सपना पूरा कर दिखाएँगे। बल्कि मैं तो कहता हूँ कि 1952 के बाद से आज तक जो लोग दंगों में मारे गए हैं उनके घर वालों को लाख रुपया दे डालिए !

परंतु इस स्कीम में एक ख़तरा है। गूँगे लोगों के इस देश में इस मुआवज़े का असर उल्टा भी हो सकता है। जहाँ लगभग सारी आबादी गरीबी रेखा के नीचे जी रही है वहाँ यह मुआवज़ा उन्हें मरने या घायल होने पर उकसा भी सकता है। इसलिए मैं अपनी राय बदलता हूँ। मरनेवालों के घरवालों को पकड़कर जेल में बंद

कर दीजिए कि तुम्हारे परिवार में यदि 10 आदमी हैं तो दो ही क्यों मरें। बलवों में हर गरीब परिवार के कम-से-कम पचास फीसदी लोग तो हर सांप्रदायिक दंगे में ज़रूर ही मारे जाने चाहिए। जो गरीब ऐसा न करे वह देशद्रोही ठहरा दिया जाए।

मैं जानता हूँ कि आपने न कभी मेरी बात मानी है और न ही यह बात मानने वाले हैं क्योंकि मेरी बातें आपके व्यक्तिगत हितों के ख़िलाफ़ जाती हैं। इसलिए बात बदल रहा हूँ।

तो चलिए यह बताइए कि आप क्या सचमुच सांप्रदायिकता से जूझना चाहते हैं ? ऐसा लगता तो नहीं श्रीमान् ! स्वतंत्र भारत की किसी सरकार ने आज तक तो सांप्रदायिकता से सचमुच लड़ने का प्रयत्न किया नहीं है। भाषणों को मैं लड़ाई में नहीं गिनता !! आपकी सरकार का चरित्र भी, इस मुआमले में पिछली किसी सरकार से अलग नहीं है क्योंकि आपकी सरकार पिछली सरकारों की एक ख़राब कार्बन-कॉपी से ज़्यादा तो कुछ है ही नहीं !! आपकी सरकार भी इन अवसरों पर मंत्री भेज देने या सेवा भेज देने के सिवा कुछ और नहीं करती, क्योंकि पिछली सरकारों की तरह आपकी सरकार भी सांप्रदायिकता की छाँव से बाहर निकलने से डरती है। क्षेत्रवाद, जातिवाद और सांप्रदायिकता यही तीन वोट बैंक हैं और तीनों के मैनेजिंग डायरेक्टर आप हैं !! इसीलिए आप भी पिछले प्रधानमंत्रियों की तरह सांप्रदायिकता को हिंदू, मुसलमान और सिख़ खानों में बाँटने पर इसरार करते हैं और यह तीनों डालियाँ तने को एक-दूसरे का ख़ून पिलाती रहती हैं। सांप्रदायिकता का कोई धर्म नहीं होता श्रीमान्। वह अपने आप में एक इकाई है। भारत की हर भाषा बोलती है। भारत का हर धर्म मानती है और आप जब तक इसे मंदिरों, मस्जिदों और गुरुद्वारों में ढूँढ़ते रहेंगे तब तक यह परछाईं आपके हाथ नहीं आएगी। तब तक धर्म का शोषण करनेवालों का चेहरा आपको दिखाई नहीं देगा। अगर आप उसे सचमुच देखना और पहचानना चाहते हैं तो देश की राजनीति और देश के आर्थिक ढाँचे और अपनी आर्थिक पॉलिसी को आईना दिखलाइए !!

हर सांप्रदायिक दंगा देश को कमजोर करता है। कट्टरवादी देशद्रोही हैं। चाहे वह गीता सुनाएँ, चाहे कुरान और चाहे गुरुग्रंथ साहब। कट्टरवादियों के साथ वही सुलूक करना चाहिए जो देशद्रोहियों के साथ किया जाता है। फाँसी। परंतु परेशानी यह है कि इन कट्टरवादियों को आपकी सरकार और आपकी कांग्रेस (आई) का समर्थन हासिल है और यह समर्थन इसलिए हासिल है कि आप कांग्रेस (आई) का नाम बदलकर कांग्रेस (गई) रखना नहीं चाहते। आपके लिए आपकी पार्टी आपके देश से बड़ी है और बड़ी इसलिए है कि आपको उसी ने तो प्रधानमंत्री बना रखा है !!

यह दंगे रोकने के लिए आप करते क्या हैं ? कुछ नहीं। वह तभी बंद होते हैं जब उनका जी चाहता है। मेरठ में भी यही होगा। फिर आप उस पर कमीशन बिठाएँगे। वह कमीशन दो-अढ़ाई वर्ष में अपनी रिपोर्ट देगा। तब तक लोग कई और

शहरों के दंगों में उलझकर मेरठ और दिल्ली के दंगों को भूल चुके होंगे। मुझे तो लगता है कि यह कमीशन बिठाए ही इसलिए जाते हैं कि देश की आँखों में धूल झोंकी जा सके। यदि ऐसा नहीं तो कहाँ है आज तक बिठाए जाने वाले कमीशनों की रिपोर्ट ? सरकार ने उन कमीशनों की रिपोर्ट से क्या सीखा क्या लाभ उठाया ?

1984 के भिविंडी दंगों में अंसारी बाग में कुछ लोगों को ज़िंदा जलाकर मार डालने का 30-35 आदमियों पर मुकदमा चलाया गया, सब छूट गए और जज ने कहा कि सरकार ने इन अपराधियों के ख़िलाफ़ सुबूत जमा करना तो दूर इनके ख़िलाफ़ अदालत में एक लफ़्ज भी नहीं कहा !! इन दंगों में सैकड़ों लोग मारे गए थे। कुल मिलाकर 611 लोगों पर केस चलाने का फैसला किया गया। परंतु सिर्फ़ 185 केस चलाए गए। 113 तो साफ़ गए। 1986 आते-आते केवल चार केसों में अपराधियों को सजा दी जा सकी। 611 में 4 !!

मुरादाबाद के दंगे 1980 में हुए। 150 आदमी मारे गए जिनमें एक मजिस्ट्रेट भी था। 400 केस रजिस्टर किए गए। 125 में चार्ज शीट लगी। 264 दाखिल दफ्तर। 38 केस स्वयं सरकार ने वापस ले लिये। 64 छूट गए। 6 केसों में सज़ा हुई। 400 में 6। 1983 में जस्टिस सक्सेना कमीशन ने अपनी रिपोर्ट दी। उस रिपोर्ट का अचार डाला गया। वह अचार भी अभी तक तैयार नहीं हुआ है !!

अलीगढ़ दंगों के कमीशन की रिपोर्ट और मज़ेदार है। 1978 में कमीशन बिठाया गया और 1980 में स्वयं सरकार ने उस कमीशन को उठा लिया ! क्यों ! पता नहीं !!

अहमदाबाद के दंगे 1985 में हुए। 400 आदमी मारे गए। गुजरात सरकार ने कमीशन बिठाने का फैसला करने में लगभग एक बरस लगा दिया।

श्रीमान्, महाराष्ट्र, गुजरात और उत्तरप्रदेश यह तीनों क्षेत्रीय सरकारें कांग्रेस (आई) की थीं।

मेरठ सांप्रदायिक दंगे के इतिहास का आखिरी अध्याय भी ऐसा ही लिखा जाएगा तो आप गरीब भारत पर दया कीजिए। कमीशनों के उठने-बैठने पर बड़ा माल खर्च होता है। इसलिए लोगों को इन सांप्रदायिक दंगों में मरने दीजिए कि अब हमें इन दंगों की आदत पड़ गई है।

आपका एक परम भक्त
राही मासूम रज़ा

बात पर वाँ ज़बान कट्ती है

यह जो हमारा देश है जिसे 'भारत दैट इज़ इंडिया' कहते हैं, है बड़े मज़े की जगह।

यहाँ यह ज़रूरी नहीं कि आपके पास प्रकट करने के लिए कोई विचार हो ही। पर कुछ-न-कुछ प्रकट करना हमारा और हमारे बुद्धिजीवियों का जन्मसिद्ध अधिकार है ! और हमारे बुद्धिजीवी और मिनिस्टर लोग, कि वह लोग भी अपने को बुद्धिजीवी समझते हैं; अपने विचार प्रकट करते रहते हैं और हम विचारे 'पब्लिक लोग' उनके भाषणों को पीने पर मज़बूर हैं कि और कोई चारा नहीं !

क्या आप लोग यह बात मानेंगे कि अभी-अभी टी.वी. फ़िल्म और शिवसेना नगरी बंबई में सेंसर के विषय पर एक महा सेमिनार हुआ जिसमें कई मंत्रियों और फ़िल्मी बुद्धिजीवियों ने हिस्सा लिया। इस सेमिनार में बच्चों और पत्रकारों का दाख़िला बंद था। और चूँकि पत्रकारिता से मेरा भी दूर का एक रिश्ता है इसलिए मैं नहीं गया। हालाँकि विक्रम सिंह ने मुझे इस लायक़ जाना था कि मैं सेमिनार में बुलाया जाऊँ।

इस सेमिनार से प्रेस को अलग रखने की क्या ज़रूरत थी। सेंसर की समस्या कोई गुप्त रोग तो है नहीं कि आदमी उसकी बात करते शर्माए ! परंतु प्रेस को दूर रखने का एक कारण मेरी समझ में आता है और वह कारण यह है कि मिनिस्टर लोग बेवकूफ़ी की बात करने में तो गिनिस बुक ऑफ़ रिकार्ड्स के लायक़ हैं इसलिए यदि अब वे यह समझ गए हैं तो यह बड़ी अच्छी बात है कि उनकी बातें केवल लतीफ़ों की किताबों में छपने लायक़ हैं तो फिर जहाँ वे किसी गंभीर समस्या पर भाषण देनेवाले हों वहाँ प्रेसवालों का क्या काम !

इस सेमिनार में फ़िल्म के महा बुद्धिजीवी श्री श्याम बेनिगल ने वही बातें कहीं जो उन्होंने जनताराज में होनेवाले एक सेमिनार में कही थीं। अर्थात् वह अब भी वहीं खड़े हैं जहाँ तब खड़े थे ! फ़िल्म उद्योग के दूसरे नेताओं ने भी वही बातें कहीं जो वह हमेशा से कहते चले आ रहे हैं कि 'सेल्फ़ सेंसरशिप' होना चाहिए और किसी सरकारी सेंसर की ज़रूरत नहीं है। मंत्रियों ने भी वही बातें कहीं जो स्वर्गीय डॉक्टर केसकर ने स्वतंत्रता की भोर में कही थीं।···कहने का मतलब यह है कि हम आज भी वहीं खड़े हैं जहाँ सन् बावन में खड़े थे ! इसी से देश की उन्नति और प्रगति का ग्राफ़ समझा जा सकता है !

सेंसर के ऋषियों ने कामुकता और प्रचंडता के विरोध में अपना राग दीपक अलापा जो हमेशा की तरह ठंडा-ठंडा लगा क्योंकि यह लोग आज भी इस समस्या को समाज के साथ जोड़कर सोचने पर तैयार नहीं हैं। हिंसा आज हवा में है। मैं भी फ़िल्म में बेज़रूरत हिंसा का विरोधी हूँ पर मुझे यह लगता है कि आज यह ख़राब फ़िल्में हमारे क्रोध और हमारी झल्लाहट और हमारे भीतर जलती हुई हिंसा की आग का ज़ोर थोड़ा कम करती हैं क्योंकि हम जब यह फ़िल्में देखकर निकलते हैं तो पहले से कमज़ोर होकर निकलते हैं !···जो यह ख़राब फ़िल्में न रही होतीं तो शायद आज सड़कों पर निकलना मुश्किल हो गया होता। एक तरह से हमारी फ़िल्में पुलिस

का काम कर रही हैं और चूँकि पुलिस का काम कर रही हैं इसलिए उनमें वह सारी बुराइयाँ भी हैं जो हमारी पुलिस में हैं !

वह लोग जो देश चला रहे हैं वह देश को सुधारने के तो जतन नहीं करते। अरे साहब जब तक देश नहीं सुधरेगा तब तक फ़िल्में कैसे सुधर जाएँगी ? देश को ठीक कीजिए। देश ठीक हो जाएगा तो फ़िल्मों को ठीक होना ही पड़ेगा। आप की तो सूरत ख़राब है तो आप आईने को क्यों पत्थर मार रहे हैं !

सबसे मज़े की बात श्रीमती अलवा ने कही कि फ़िल्मों में नारियों और बच्चों का अवकर्षण और मलिनता की इजाज़त नहीं होनी चाहिए। क्या मैं श्रीमती अलवा से यह पूछ सकता हूँ कि मर्द बेचारों ने क्या कुसूर किया है कि आपने उनकी रक्षा करना आवश्यक न जाना ? और वह यह भी बताएँ कि रूप कँवर की हत्या से बड़ा नारी अपमान क्या हो सकता है ? परंतु जो हुआ वह हम सब जानते हैं। सरकारी और विरोधी एम.पी. और एम.एल.ए. दर्शनों के लिए गए। राज्यपाल दादा पाटिल सबसे आगे थे !

यह घटना या दुर्घटना आधुनिक काल में घटी है। परंतु हम यदि इस पर एक फ़िल्म बनाएँ तो श्रीमती अलवा और श्री विक्रम सिंह इसे नारी अनादर कह देंगे ! प्रश्न यह उठता है कि यथार्थ और सरकार में और यथार्थ और सेंसर बोर्ड में इतनी दूरी क्यों है ? ऐसा क्यों है कि जब भी कोई निर्माता सेंसर बोर्ड के फैसले के ख़िलाफ़ अदालत का दरवाज़ा खटखटाता है हमेशा जीत जाता है और अदालत हमेशा यह कहती है कि सेंसर बोर्ड का फ़ैसला ग़लत था। ऐसा इसलिए होता है कि अदालत क़ानून जानती है और सरकार क़ानून नहीं जानती या अपने आप को क़ानून से ऊँचा या बड़ा समझती है। और यही हाल सेंसर बोर्ड का है। इसलिए ज़रूरी है कि सेंसर बोर्ड के अध्यक्ष, प्रधानमंत्री और उनके मंत्रिमंडल को इन कुर्सियों पर बैठने से पहले संविधान पढ़ाया जाय ! और जो यह परीक्षा पास न कर सके उसे इन कुर्सियों पर न बैठने दिया जाय !

किसी स्वतंत्र समाज में 'सेंसर' शब्द यूँ भी एक अश्लील गाली-सा लगता है। सरकार ने अच्छा किया जो सेंसर बोर्ड का नाम बदल दिया। पर नामों में क्या रखा है। लक्षण तो वही है।

जो सरकार व्यक्ति के मूल अधिकारों की रक्षा न कर सके उस सरकार के होने का मतलब क्या है। यह हमारा मूल अधिकार है कि हम अपने विचार प्रकट करें। और यह अधिकार सरकार को हम ही ने दे रखा है कि यदि किसी के विचार देश विरोधी या समाज विरोधी हैं तो सरकार उन विचारों के आधार पर उस व्यक्ति या उन व्यक्तियों के ख़िलाफ़ कानूनी कार्रवाई करे। यदि सरकार अपने इस अधिकार से परिचित है तो सेंसर बोर्ड की कोई ज़रूरत नहीं रह जाती। पर जो सरकार इतनी कमज़ोर है कि शाही इमामों और बनात वाला और बाल ठाकरे वगैरह के ख़िलाफ़

कोई कार्रवाई करने की हिम्मत नहीं कर पाती जो लाउडस्पीकर लगा-लगा कर हिंदुओं को मुसलमानों और मुसलमानों को हिंदुओं से नफ़रत करने का हुक्म देते रहते हैं !

यह न समझा जाए कि यह बात उठाकर मैं बेहूदा, अर्थहीन, समाज-दुश्मन, मानव-दुश्मन फ़िल्मों की वकालत कर रहा हूँ। जी नहीं। मैं इन फ़िल्मों का कट्टर विरोधी हूँ। श्रीमती अलवा, विक्रम सिंह और अजीत पाँजा से ज़्यादा कट्टर विरोधी हूँ क्योंकि मैं इन प्रश्नों पर सोचता हूँ और यह लोग केवल भाषण देते हैं और यह लोग इस सवाल पर सोचने के लिए तैयार ही नहीं हैं कि जनता इन फ़िल्मों को क्यों खुले दिल से स्वीकार करती है ?...यह बीमारी फ़िल्मों में नहीं, यह बीमारी कहीं हमारे समाज में है। समाज का इलाज आप इसलिए नहीं करना चाहते कि आपको हर पाँचवें वर्ष चुनाव लड़ना पड़ता है। और यदि जनता की दिमाग़ी सेहत ठीक होगी तो क्या वह पागल है कि आपको वोट देगी। इसलिए उसे नशे में रखना ज़रूरी है।...तो उसे आप यह फ़िल्मी गोलियाँ खिलाते रहते हैं और साल में एक-आध बार इन गोलियों के ख़िलाफ़ भाषण दे देते हैं ताकि बुद्धिजीवी शोर करना शुरू करें तो आप उन्हें इन भाषणों का पंखा झलके सुला सकें !

मुझे तो पहली या दूसरी सरकार के बाद ही से ऐसा लगने लगा था कि सरकार को अच्छी या बुरी फ़िल्मों में कोई दिलचस्पी नहीं है परंतु वह यह ज़रूर चाहती है कि संप्रेषण का यह शक्तिशाली माध्यम संप्रेषण के काम न आए कि यह माध्यम भाषाओं की दीवारें गिराकर जनसमुदाय को यह न बता सके कि देश में जो कुछ हो रहा है वह क्यों हो रहा है। और इसीलिए कभी-कभी मुझे यह भी लगता है कि यह जो 'आर्ट सिनेमा' वाले मित्र हैं, वे सरकार से मिले हुए हैं और केवल अपना उल्लू सीधा कर रहे हैं। और इन्हीं में पत्रकार समुदाय के उन लोगों की बहुमत भी आती है जो अंग्रेज़ी भाषा में फ़िल्मी समीक्षाएँ लिखते हैं। सरकार ने सिनेमा के मुँह में सेंसर का लत्ता ठूँसा और इन मित्रों ने कभी यह सोचने का कष्ट ही नहीं उठाया कि यह लोग जिसे 'कमरशल सिनेमा' कहते हैं वह चीज़ क्या है।

कमरशल सिनेमा ने हमें विमल राय की फ़िल्में दीं। बरवा की फ़िल्में दीं। देवकी बोस की फ़िल्में दीं। शांताराम की फ़िल्में दीं। हृषिकेश मुखर्जी की फ़िल्में दीं। एस. मुखर्जी की शुरू की फ़िल्में दीं।...इनमें से कोई नाम 'आर्ट सिनेमा' का नहीं है। तो ऐसे लोग अब क्यों नहीं पैदा होते ?...यह ख़राबी समाज की है या सिनेमा की ? यह भ्रष्टाचार सरकारी है या फ़िल्मी ? मैं इन फ़िल्मों को सराहता नहीं। मैं इन फ़िल्मों का विरोधी हूँ। एक दिन मुझसे बी.आर.चोपड़ा ने पूछा कि आख़िर क्या बनाया जाए ? यह सवाल उस आदमी ने किया जो धूल का फूल, गुमराह, साधना, क़ानून, वक़्त, नया दौर और निकाह जैसी फ़िल्में बना चुका है। मेरे पास उनके इस सवाल का कोई जवाब नहीं। क्योंकि मैं फ़िल्म को कमरशल आर्ट मानता हूँ पर आधुनिक हिंदी सिनेमा के नामों की फ़िहरिस्त देख डालिए तो पता चलेगा कि हिंदी सिनेमा

गिरते-गिरते कहाँ पहुँच गया है।…क्या यह सिर्फ़ एक इत्तिफ़ाक़ है कि हमारी फ़िल्मों के नाम ज़्यादातर इंसाफ़ और क़ानून के चारों तरफ़ घूम रहे हैं…तेली के बैल की तरह, आँख पर अँधेरी चढ़ाए !…इसका ज़िम्मेदार कौन है ? क्या सिनेमा ? क्या हमारे नेताओं और बुद्धिजीवियों का कोई फर्ज़ नहीं ? नेता जूतियों में दाल बाँट रहे हैं। बुद्धिजीवी फ़लसफ़ा झाड़ रहे हैं। और पत्रकार मित्र आईने को गालियाँ दे रहे हैं। देश में बलात्कार इसलिए बढ़ रहा है कि फ़िल्मों में दिखाया जा रहा है ! जुर्म इसलिए बढ़ रहा है कि फ़िल्मों में जुर्म दिखाया जा रहा है। सेंसर कहता है कि नारी का अनादर दिखलाने की आज्ञा नहीं दी जा सकती। और समाज में जो अनादर हो रहा है नारी का ?…फ़िल्मों में नारी का अनादर इसलिए दिखलाया जा रहा है कि समाज उसका आदर करना भूल गया है। फ़िल्मों में बलात्कार इसलिए दिखलाया जा रहा है कि समाज बलात्कार का एक घूरा होकर रह गया है ! फ़िल्मों में जुर्म इसलिए ज़्यादा दिखलाया जा रहा है कि हमारे समाज के पास जुर्म के सिवा कुछ रह ही नहीं गया है।…यह सेंसर की समस्या ही नहीं है। यह समस्या है राजनीति की जिसका आधार है हमारा आर्थिक ढाँचा। वहाँ कैंची चलाइए। वहाँ सुधार कीजिए। और उन फ़िल्मों की मदद कीजिए जो इन समस्याओं को उजागर करने के प्रयत्न करती हैं।

जब तक फ़िल्मों की तरफ़ सरकार और बुद्धिजीवियों का रवैया नहीं बदलेगा तब तक कुछ नहीं हो सकता ! और इसीलिए मैं उस सेमिनार की कड़ी निंदा करता हूँ जो पिछले दिनों बंबई में हुआ था और जिसमें पत्रकारों को आने की इजाज़त नहीं दी गई थी।

पिछली बार जो मैंने पार्वती खान की बात निकाली थी उसके बारे में यह कहना है कि राष्ट्रपति, प्रधानमंत्री, अजीत पाँजा और दूरदर्शन में से किसी ने मेरे उस ख़त का जवाब नहीं दिया जो मैंने उन्हें इस सिलसिले में लिखा था। इससे अलग कि मैंने यह ख़त इन लोगों को एक बुनियादी सवाल के सिलसिले में लिखे थे और इन महाशयों को जवाब देना चाहिए था, यह साधारण सौजन्य का तकाज़ा भी था। पर लगता है कि हमारी सरकार और हमारी राजनीति सौजन्य का मतलब भूल चुकी है !

परंतु मैं 'नवभारत टाइम्ज़' के पाठकों का आभारी हूँ। मुझे इतने ख़त मिले, इतने फ़ोन आए कि मैं खुशी से रो पड़ा। इन दोस्तों ने मुझे अपनी बहू की तरफ़ देखने के लायक़ बना दिया। आपका शुक्रिया दोस्तो, भाइयो और बहनो, आपका बहुत-बहुत शुक्रिया। बस कुछ ऐसा कीजिए कि राष्ट्रपति और प्रधानमंत्री मेरे ख़त का जवाब देने पर मज़बूर हो जाएँ।

●●●